W9-CNJ-577

KATE

KATE

LA BIOGRAFÍA

LA HISTORIA DE UNA PRINCESA

MARCIA MOODY

AGUILAR

D. R. © Marcia Moody, 2013.
Kate: La biografía
Título en ingles: *Kate. A Biography*
Publicado originalmente por Michael O'Mara
Books Limited, Londres.

De esta edición:
D. R. © Santillana Ediciones Generales, S.A. de C.V., 2014.
Av. Río Mixcoac 274, Col. Acacias.
México, 03240, D.F. Teléfono (52 55) 54 20 75 30

Primera edición: enero de 2014

ISBN: 978-607-11-2946-8

Traducción: Sandra Rodríguez

Fotografía de portada: Chris Jackson/St James's Palace/PA Archive/Press Association Images

Diseño de cubierta: Ana Bjezancevic

Impreso en México.

Todos los derechos reservados. Esta publicación no puede ser reproducida, ni en todo ni en parte, ni registrada en o transmitida por un sistema de recuperación de información, en ninguna forma ni por ningún medio, sea mecánico, fotoquímico, electrónico, magnético, electroóptico, por fotocopia o cualquier otro, sin el permiso previo, por escrito, de la editorial.

PRISA EDICIONES

*Este libro es para todos a quienes
Kate ha inspirado.*

ÍNDICE

INTRODUCCIÓN

Catherine Elizabeth Middleton, Kate, "Katie la que Espera", Hermana Sizzler, la Duquesa de Cambridge, la Duquesa que usa moda para las masas. La mujer que ha recibido todos estos títulos prefiere más algunos que otros, pero lo importante es recordar que, a lo largo de los años, cada uno le ha sido otorgado por otra persona. Como ella es reservada por naturaleza, son otras las personas que, con frecuencia, se han proyectado al ponerle alguno de esos nombres, aunque no tenga nada que ver con quien ella es. En el fondo, Kate ha sido la misma persona todo el tiempo, y no deja de ser un enigma.

Desde hace 10 años ha sido la persona más cercana al hombre que algún día será rey, pero fue descubierta recientemente y poco a poco por el público, como si fuera un misil secreto de la familia real. Cuando ella y el Príncipe Guillermo se conocieron, en 2001, la familia de él estaba superando una década de divorcios, escándalos y opiniones inestables del público. Muchos habían cuestionado qué significaba la monarquía en la era moderna; sin mencionar que durante años y desde las paredes del palacio, la Princesa de Gales y Duquesa de York había criticado públicamente muchos aspectos de esta institución. Quedaba claro que había una desconexión entre los nobles y su público. Como todo en la vida, se requirieron constantes y pequeñas adaptaciones para asegurar un éxito sostenido; a pesar de que las cosas explotaron en los años 90, había la intención de enmendar errores y hacer cambios a partir del año 2000.

Cuando Guillermo apenas entró a la universidad, el palacio y la prensa llegaron a un acuerdo. Decidieron que él podría estudiar en paz si brindaba entrevistas y oportunidades constantes de ser fotografiado. Por esto, Kate pudo entrar en la vida del príncipe sin ser vista al principio, cuando estaban decidiendo qué sentían el uno por el otro, un lujo que ninguna otra generación de nobles había tenido.

Ella estuvo al lado de Guillermo ocho años antes de comprometerse. A pesar de que su breve separación tuvo presencia en titulares de periódicos, no tuvo una presencia pública notoria, pero cuando se anunció su compromiso los reflectores se enfocaron directamente en ella. Se volvió una de las mujeres más famosas del mundo. Para entonces, ya era una valiosa persona para la familia real. Era estable, inteligente, encantadora, fuerte y segura de sí misma. Había estado con Guillermo para apoyarlo en su infeliz época universitaria, cuando atravesó periodos de luto y complicados casos legales que pasaban a plena vista del público. Además, de estar asimilando lo que el futuro le deparaba.

Por su parte, también él apoyó a Kate cuando ella atravesó por una etapa de luto, la ayudó a convertirse en una figura pública. Ella se llevó bien con la familia de él, y él con la de ella, pero sobre todo estaban enamorados. Se hacían reír mutuamente, se cuidaban, en fin, hacían una buena pareja.

Antes de estar comprometidos, el público siempre vio a Kate como una extensión de Guillermo. Ella lo percibió y entendió, pues él era de la nobleza y vivía bajo los reflectores. Ella entró en su vida cuando estaba creciendo y aprendiendo su papel. Kate lo ayudó a sobrellevar la época en la que estudiaba y trabajaba. Siempre habrá ciertas exigencias para las parejas de los miembros de la familia real, pero a Kate no se le pidió invertir tanto tiempo y energía gracias a ser mujer. Por ejemplo, cuando el Príncipe Felipe se casó con la Reina, tuvo que dejar una prometedora carrera naval; para apoyar a su esposa y a la vez seguir encontrando su propio camino.

Kate se ha convertido en mucho más que sólo la esposa de su marido, y está encaminándose velozmente hacia el futuro, pues impresiona a toda la gente con la que trabaja gracias a su escrupulosa atención al detalle, su calidez natural, su empatía y su dedicación. Incluso antes de entrar a la vida de la nobleza, se sentía atraída por apoyar a niños vulnerables. Ha demostrado que está dispuesta a confrontar los problemas más "crudos, feos, sucios y difíciles", como las adicciones. Para el día de su boda, ella y Guillermo escribieron una oración que recitaron como parte de sus votos, e incluía la frase "Ayúdanos a brindar servicio y reconfortar a quienes sufren", con esta promesa quedó en claro cómo es que ellos ven su papel dentro del futuro de la familia real. La madre de Kate, Carole, crió a tres niños mientras construía su propio negocio desde cero. Kate pretende seguir sus pasos y combinar la maternidad con sus deberes públicos.

Ahora Kate es una importante integrante de la familia real. Es momento de ver a la mujer tras el nombre. Fue la primera persona en 350 años que, sin tener sangre aristócrata, se casó con un heredero al trono, y de no ser porque hubo tragedias en ambos lados de su familia, probablemente no estaría en la posición que actualmente está. Sin embargo, las circunstancias previas a su nacimiento y el apoyo de sus padres sólo le dieron un pequeño impulso, lo demás lo ha logrado ella misma.

Aunque fue bautizada como Catherine, se hace llamar Kate, así es como Guillermo la nombra. Así es como la prensa empezó a referirse a ella y, por lo tanto, es como se le conoce alrededor del mundo. Y así la nombraremos en este libro. Algún día ella será la Reina Catherine, pero por ahora, es conocida y amada como Kate.

CAPÍTULO UNO
UN TRÁGICO GIRO INESPERADO

En Gran Bretaña, el invierno de 1982 fue particularmente frío. En enero, una ventisca imparable atacó el país. Cientos de caminos cerraron, los trenes se cancelaron y las escuelas suspendieron actividades. El país estaba en caos. Mientras la policía advertía a la gente que se quedara en casa, Carole y Michael Middleton estaban haciendo una complicada travesía al hospital local. Carole estaba a punto de dar a luz a su primera hija. Esta atractiva y sencilla pareja había estado casada año y medio, había trabajado mucho y gozaba de la simpatía de sus vecinos. Ambos venían de familias muy unidas, y estuvieron felices cuando su bebita nació sana. Catherine Elizabeth Middleton nació en el hospital Royal Berkshire de Reading el sábado 9 de enero de 1982. Era una bebé bonita con abundante cabello oscuro. La envolvieron en cobijas y se la llevaron a la modesta casa de sus padres, ubicada dentro de la campiña de Berkshire.

Aunque la recién nacida evidentemente no lo sabía, este triunfo ante la adversidad fue la culminación de una travesía mucho más larga. Una travesía que no sólo había hecho su madre, Carole, sino también sus antepasados. Durante más de un siglo, los ancestros maternos, los Harrison, habían trabajado en minas de carbón seis días a la semana, 18 horas al día. Enfrentaban la posibilidad de morir cada día; estaban en riesgo de sufrir incendios, explosiones o ser aplastados. Enfermedades como la tuberculosis, el cólera y la polio atacaban a los poblados pobres.

Dejaban a huérfanos, viudas y padres devastados y sin más remedio que aceptar sus pérdidas. Los Harrison vivían en County Durham, justo al sur de Newcastle, y trabajaban en las minas que pertenecían a los Bowes-Lyon, es decir, a la familia de la Reina Madre. No hay manera de saber cuánto tiempo hubiera continuado este patrón de hijos que seguían el camino de sus padres y elegían trabajar en las minas, de no ser por la pérdida de un niño, un incidente devastador. Thomas Harrison, el niño que luego se convertiría en el bisabuelo de Kate, perdió a su propio padre durante la Segunda Guerra Mundial cuando apenas tenía 14 años. Sin embargo, aunque un luto doloroso, no sólo cambió para siempre su vida, sino la vida de sus descendientes. Él dejó el trabajo de minero, y se fue a trabajar para su abuelo materno, que era carpintero. Se casó y tuvo una hija, Dorothy –la abuela de Kate. Cuando el país empezó a recuperarse tras la Segunda Guerra Mundial, la familia se mudó hacia el sur en busca de mejor suerte.

Se instalaron en Southall, a las afueras de Londres. Ahí, Dorothy conoció a Ron Goldsmith –el abuelo de Kate– y se enamoró de él. Aunque los Goldsmith no habían trabajado en minería, es decir, en la ocupación de menor rango, también eran terriblemente pobres; trabajaban como jornaleros y mecánicos. Originalmente eran de Kent y, se dice, se asociaban con criminales, algunos de los cuales fueron deportados a Australia. Sin embargo, fue el tatarabuelo de Kate, John Goldsmith, quien cambió la suerte de ellos al mudarse primero a Londres y luego a Southall en busca de trabajo. Dos generaciones después, cuando se conocieron los abuelos de Kate, Dorothy estaba trabajando en Dorothy Perkins, una tienda de ropa instalada en una de las principales avenidas. Por su parte, mientras Ron trabajaba en una empresa de transporte de productos, Dorothy aspiraba a superarse, y contaba con el impulso necesario para lograrlo. Las personas menos amables de la familia de Ron la describían como "encajosa y presuntuosa", pero otras la consideraban una mujer encantadora y popular.

"Dorothy tenía una forma de ser muy agradable" recuerda Dudley Singleton, quien conoció a Dorothy y Ron años después, cuando vivieron en el mismo pueblo. "Ella tenía una manera de caminar especial que le salía natural –muy derecha. Siempre sonreía y tenía lo que pudiera interpretarse como una forma de ser similar a la de la nobleza, de ahí que la apodaran 'La Duquesa'. A todos les simpatizaba la pareja. Él era un hombre callado con una sonrisa constante." La pareja estaba enamorada y, tras casarse, vivió con la madre viuda de él antes de mudarse a un departamento cercano. Más adelante, le pidieron prestado dinero al cuñado de Ron para comprar su primer hogar. Que después, sería de su primera hija, Carole Elizabeth Goldsmith, que nació el 31 de enero de 1955.

Carole fue hija única durante nueve años, hasta que nació su hermano Gary. Poco tiempo después, la familia se mudó a la zona cercana de Norwood Green. Esto representó un gran cambio –ya que Southall era muy pobre– aunque tampoco era una zona de ricos. A pesar de que tenían su propio hogar, estaba en medio de una zona de casas de interés social, además de que había sido construida en un terreno bombardeado en la guerra. Sin embargo les pertenecía. En vez de comprar una casa pequeña que hubieran podido pagar fácilmente, tomaron la decisión de invertir en una casa más grande, y se aseguraron de poderla pagar. Ron se había esforzado en su trabajo como conductor de camiones, incluso tomando turnos extra para incrementar la fortuna de su familia. Dorothy se quedó en casa cuando los niños estaban pequeños, entre los dos periodos trabajó con un corredor de bienes raíces. Tras la mudanza, Ron creó su propio negocio de construcción, y se esforzó para que eso también fuera un éxito. Los niños florecieron.

La rubia Carole tocaba en la orquesta de la escuela. En esa época era muy femenina; le gustaba usar ropa rosa y bailar enfrente de la televisión cuando pasaban el programa *Top of the Pops*. Era muy cercana a su hermanito Gary. De adolescente, empezó escuchar música soul; algunos de sus artistas favoritos eran Stevie Wonder, Earth y Wind and Fire. Trabajaba en la tienda de ropa C&A. Era una mujer bella que parecía no hacer ningún esfuerzo para lograrlo.

"Carole no era una chica a la que le gustara el maquillaje", le dijo su prima Ann Terry a Claudia Joseph para su libro *Kate Middleton: La princesa que espera*. "Era una chica muy natural que estaba contenta cuando traía jeans y un suéter holgado, una chica campirana. Pero era muy bonita." No fue sino hasta que Carole cumplió 21 años y empezó a trabajar para British Airways, donde conoció a un colega guapo y joven llamado Michael Middleton, que su propia vida cambió notablemente.

La fortuna de los Middleton había sido mucho más abundante que la de los Goldsmith y los Harrison. Contaban con cinco generaciones de adinerados abogados de Leeds. Además, el bisabuelo de Kate, Noel Middleton, se había casado con una bella mujer de sociedad, Olive Lupton, que era la hija de un acaudalado propietario de molinos, Francis Lupton. Fue, principalmente, gracias a este hombre que la familia paterna de Kate heredó su riqueza. Francis Lupton tuvo tres hijos y dos hijas. Lamentablemente todos sus hijos murieron en la Primera Guerra Mundial. El corazón roto de su padre jamás se recuperó. Debido a estas pérdidas las dos hijas heredaron su gran riqueza, en vez de distribuirse entre cinco hermanos. Tras la muerte de Francis, Olive heredó lo que hoy serían unos 10 millones de libras.

Por medio de los Luptons, Kate tiene un parentesco distante con el Príncipe Guillermo ya que ambos descienden de Sir Thomas Fairfax, miembro del parlamento durante la Guerra Civil

Inglesa: Guillermo por parte de su mamá y Kate por parte de su papá, lo que significa que la pareja está compuesta por primos en quinceavo grado. Sin embargo, vale la pena señalar que Sophie, la Condesa de Wessex, que tampoco es aristócrata y que fue hija de un vendedor de llantas y una secretaria, también tiene un parentesco distante con su esposo, el Príncipe Eduardo. Son primos en onceavo grado con una generación de diferencia. Parece que muchos otros "plebeyos" encontrarían que tienen conexiones con la realeza, si investigaran lo suficiente a sus antepasados.

Noel y Olive tuvieron dos hijos: Peter, el abuelo de Kate, y Anthony. Cuando crecieron, con menos de un año de separación, se casaron con las hermanas gemelas Valerie y Glassborow. Las chicas provenían del East End de Londres, pero fueron criadas en Marsella. Descendían de una familia de vendedores y banqueros. Peter, el abuelo de Kate, rompió con la tradición familiar de los Middleton de ser abogados, pues se enlistó en la Real Fuerza Aérea. Después de la Segunda Guerra Mundial, trabajó como piloto para British European Airways (que después se convirtió en British Airways). Décadas después, su profesión influyó en la elección de carrera de su segundo hijo, Michael. Durante la guerra, Peter estuvo al frente de un avión "mosquito" para batalla y bombardeo. Su meta era tratar de mover las alas de bombas voladoras alemanas para hacerlas chocar en zonas relativamente seguras de la campiña inglesa, y no en su objetivo: Londres

Francis Middleton, el segundo de cuatro hijos, nació el 23 de junio de 1949. Tres años después, la familia se mudó a Buckinghamshire para estar cerca del nuevo trabajo de Peter para BEA en Heathrow. Mientras tenía este puesto, Peter acompañó al Duque de Edimburgo en una gira de dos semanas por Sudamérica. Su compañía lo eligió para que fuera Primer Oficial, por esto viajaba con el Duque con frecuencia. Tiempo después, recibió una carta y un par de mancuernillas de oro por parte del Palacio de Buckingham, en señal de agradecimiento.

Michael Middleton se fue al internado Clifton College en Bristol. Al principio, soñaba en convertirse en piloto como su padre. BEA se fusionó con British Overseas Airways Corporation en 1972 para convertirse en British Airways, y Michael empezó a trabajar para la compañía, ubicada en el aeropuerto de Heathrow, como despachador de vuelos. Su uniforme consistía en pantalones y saco azul marino, que llevaba bandas doradas en los brazos indicando el tiempo llevaba en la compañía. Además usaba una camisa blanca, una corbata azul marino y un sombrero rojo. A él y a sus compañeros despachadores se les conocía en la compañía como "gorros rojos" y su trabajo dependía de su eficiencia. Michael era responsable de coordinar los aviones en tierra, entre su llegada y su partida. Antes del despegue, él estaba en la nave y supervisaba que el avión quedara cargado con lo necesario, que la comida y el combustible se prepararan en la forma debida y que el número correcto de pasajeros, con relación a los que se registraron, estuviera a bordo, para que el avión tuviera permiso de despegar. Cuando un avión aterrizaba en Heathrow, él era el primero en abordar para intercambiar notas técnicas con el piloto, antes de pasar con la tripulación de cabina para revisar los detalles de mantenimiento y limpieza. Fue en este empleo que el guapo, moreno y poco pretencioso Michael conoció, por primera vez, a una joven y vivaracha azafata llamada Carole Goldsmith.

Los viajes aéreos en los años 60 y principios de los 70 eran lo máximo en glamour. Eran un lujo reservado para pocos; trabajar como miembro de la tripulación de la cabina era un empleo prestigiado. Las azafatas tenían que ser extrovertidas, atractivas y jóvenes. Incluso las que aumentaban algunos kilos eran regañadas. Cuando Carole Goldsmith empezó, a los 21 años, era 1976 y los tiempos habían cambiado un poco; ya se habían lanzado los paquetes vacacionales y los viajes aéreos eran ligeramente más accesibles. Los aviones estaban volviéndose más grandes y rápidos, así que la tripulación se estaba volviendo más grande también, pero seguía siendo un trabajo con mucha demanda y con un proceso de admisión extremadamente riguroso. Antes de que empezara su entrenamiento, Carole necesitó pasar por una entrevista muy estricta, donde fue calificada con base en su compatibilidad con el entrevistador, su uso de contacto visual, la forma en que se vestía, la manera en que se sentaba en su silla y cómo hablaba. Quienes podían contratarla no le hubieran restado puntos por tener un acento distinto, pero sí estaban buscando personas que no usaran modismos; querían gente que pronunciara las palabras en forma completa y correcta. La manera de hablar necesitaba ser clara y distintiva.

Cuando Carole logró pasar esta entrevista, se le solicitó tomar seis semanas de entrenamiento, en las que se cubrió toda una gama de temas. Un miembro del personal, el responsable de entrenar a la nueva tripulación de cabina en el tiempo en el que Carol estaba siendo contratada, explica: "El cabello tenía que ser corto o estar recogido –no caer sobre el cuello de la camisa. El personal femenino necesitaba usar cierto tipo de lápiz labial y un equipo de profesionales le explicaba cómo maquillarse. Las uñas tenían que estar limpias y con buen manicure. Las medias tenían que ser de cierto color, y los zapatos necesitaban estar lustrados y sin desgaste en el tacón. Era obligatorio usar sombreros y guantes en todo momento en que portaran el uniforme."

Quienes aspiraban a ser miembros de la tripulación estudiaron en la escuela de entrenamiento de Cranebank, a la que llamaban de cariño "la Universidad de la sabiduría". Ahí, le enseñaron a Carole a atender a los clientes de manera profesional: a preparar una variedad de cocteles incluyendo un coctel clásico con champaña, un martini, un gimlet y un bloody mary. Había naves con personal de BA que simulaba ser la clientela, para que los estudiantes practicaran cómo atenderla. A todos los estudiantes se les explicaba también cómo lograr una buena postura al desfilar por una pasarela, y los animaban a escuchar con atención; tener buen contacto ocular y siempre mostrar una sonrisa al interactuar con clientes. La persona que antes los entrenaba recuerda: "Les hacíamos exámenes sobre todos los puntos que se habían enseñado y era necesario obtener una calificación mínima para pasar."

Gary, el hermano de Carole, comenta: "Me acuerdo de cuando hizo su entrenamiento. Acostumbraba practicar sus avisos y los grababa con mucha seriedad, algo que me parecía muy gracioso."

Se habló mucho de la tranquilidad que proyectaron los Middleton en la boda real y, a pesar de que en gran medida les viene de naturaleza, es probable que al menos en cierta medida el entrenamiento de BA haya ayudado a Carole a prepararse en distintas áreas de su vida. En ese momento, su entrenamiento fue casi como el de alguna escuela para señoritas anticuada y condensada, pero le brindó lo que ahora se percibe como buenos modales y distinción. Estas mismas características también se ven en Kate: en la manera en que se conduce, siempre con una sonrisa, bien arreglada, sociable y con modales impecables.

El entrenamiento de seguridad para Carole y sus colegas incluía pasar tiempo en albercas para aprender a inflar balsas salvavidas, a poner chalecos salvavidas a los pasajeros y a operar las resbaladillas de emergencia. También aprendieron primeros auxilios, que incluían asistencia en partos, reanimación cardio-pulmonar, administración de los medicamentos contenidos en el avión para distintos pasajeros, tratamiento de heridas, colocación de un brazo en un cabestrillo y atención para una pierna rota. La calificación mínima para pasar los temas de seguridad y primeros auxilios era 98 por ciento. Si en un principio los estudiantes no pasaban, podían reintentar, pero si fallaban en una segunda ocasión, quedaban fuera de la compañía.

Cuando Carole aprobó todas las áreas, estaba lista para empezar una nueva carrera que incluía recorrer el mundo. Estaba plenamente equipada para ayudar al nacimiento de un bebé, preparar un martini y salvar una vida –con una sonrisa en el rostro y medias impecables. El uniforme de BA en los años 70 todavía era muy tradicional. Consistía en una blusa blanca con un cuello amplio, que iba bajo un saco azul marino largo y ajustado que se abotonaba al frente, una falda azul marino a media pantorrilla, un sombrero azul marino y guantes a juego. La vida como miembro de la tripulación de cabina era muy diferente a la que tuvo en su vida laboral anterior. Necesitó adaptarse con rapidez. A veces pasaba hasta 21 días lejos del hogar, y tenía que estar preparada para vuelos de día o de noche, trabajar largas horas y dormir en horarios inusuales. Cuando se iba a casa, trataba de recuperarse del cambio de husos horarios y del sueño perdido. Pero la vida era emocionante y, dependiendo de la duración del vuelo, a veces le tocaban dos o tres días de estancia al llegar a otro país, ese tiempo le permitía aclimatarse.

Para una joven de 21 años, era una vida muy interesante. La escena social de los miembros de la tripulación en otros países era divertida. Además, les daban sus viáticos en moneda extranjera para que pudieran vivir mientras estaban lejos de casa. En 1976, los viajes por aire eran un mundo distinto. Algunos vacacionistas masculinos, que apenas se estaban acostumbrando a las reglas de etiqueta, se subían al avión sin camisa o todavía con traje de baño, aunque la mayoría de los pilotos insistían en que se cambiaran antes de abordar. También era una época en la que era común fumar en aviones. Un antiguo miembro de la tripulación recuerda que los de la tripulación de la cabina se la pasaban fumando en una pequeña cocina cuando no estaban atendiendo a los clientes, y salían de ahí envueltos en humo y con sus charolas de servicio. Hubo muchos romances entre integrantes del personal. Los miembros de la tripulación se casaban con otros miembros de la tripulación, o con pilotos. Cuando Carole Goldsmith y Michael Middleton empezaron a platicar en el trabajo, quedó claro que había química entre ellos y, antes de que pasara mucho tiempo, ya eran pareja. Era una época de mucho trabajo para ambos y, aunque los dos trabajaban a horas inusuales, los dos entendían que simplemente así era en ese momento. Al igual que los demás miembros de la tripulación, les asignaban cierta cantidad de vuelos gratuitos al año, y se les daba acceso a otros vuelos que podían adquirirse por solo el 10 por ciento de su precio original.

La nueva pareja no llevaba mucho tiempo cuando decidió mudarse a una misma vivienda en Slough, un suburbio industrial ubicado cerca de Heathrow. Aunque vivir juntos antes del matrimonio era una idea muy "moderna", ellos claramente sabían cuál era su futuro, y se comprometieron en 1979. Por aquella época, se compraron su primera casa, en Cock Lane, en el pueblo de Bradfield, Berkshire, por 34 mil libras. La casa de ladrillo rojo llamada West View era acogedora y modesta, ubicada en una calle campirana típicamente inglesa, cerca del ayuntamiento, el pub de la zona y la escuela primaria. Dudley Singleton, un corredor de bienes raíces de la zona, los conocía a ambos y recuerda: "Carole era una señora con mucho estilo: sociable, sonriente y con buena personalidad, y Michael era callado, reservado, sensato, fuerte y relajado."

Se casaron el 21 de junio de 1980 en una iglesia aledaña, St. James the Less. Treinta años después, su hija haría algo distinto, pero Carole llegó en un carruaje tirado por un caballo. Gracias a la ambición y el encanto de su madre, Dorothy, y al talento y gran esfuerzo de su padre, Ron, la familia se había alejado de sus inicios en la vivienda de interés social en Southall. La recepción se realizó en una mansión en el campo estilo Tudor llamada "Dorney Court". Hubo champaña y canapés. Luego, la familia pasó a la casa de Simon, hermano de Michael, en donde hubo comida y fiesta.

Carole se embarazó la siguiente primavera. Renunció a Heathrow para quedarse en Berkshire, y aceptó un paquete de liquidación de 5 mil libras por parte de BA. Decidió enfocarse en una idea de negocios incipiente que, más adelante, hizo que ella y su esposo se volvieran millonarios. Pero, por el momento, los Middleton estaban enfocados en la nueva integrante de su familia.

El día que nació Kate, el país se estaba congelando y luchaba por seguir funcionando pues estaba cubierto por un manto de nieve. De hecho, enero de 1982 fue el mes más frío registrado en Berkshire. Tras llegar a casa después del hospital, Kate se instaló y se convirtió en una bebé con buen ánimo. Carole tenía una habilidad innata como madre y, rápidamente, estableció una rutina con horarios específicos para comer y dormir. Había otras mamás jóvenes en la zona y Carole hizo amigas con facilidad. Una vecina, George Brown, tuvo una hija llamada Nicola apenas cuatro días después de que Carole tuvo a Kate y recuerda: "Carole y yo llevábamos a las niñas a pasear juntas y nos tomábamos un café. Nunca lloraban demasiado. Catherine era una buena bebé."

Kate a los cinco meses, el 20 de junio de ese año, fue bautizada en la iglesia de St. Andrew, en Bradfield. Su pequeña familia lucía parecida a muchas otras familias del país. Michael llevaba un traje elegante; Carole, un vestido con flores y Kate un tradicional ropón blanco de bautizo. Al día siguiente, nació el Príncipe Guillermo. Los Middleton probablemente se interesaron al menos un poco en el nacimiento del futuro rey, pues el primer embarazo de la Princesa de Gales se dio a conocer mientras Carole esperaba a su primera hija. Además, la familia real gozaba de gran popularidad. La joven Diana era especialmente querida y su boda con el Príncipe Carlos de Gales un año anterior había sido motivo de grandes celebraciones. La noticia de que la Princesa Diana estaba esperando a su primogénito fue recibida con emoción en todo el país. En varias portadas de revistas aparecía la princesa embarazada. Hablaban mucho de su estilo en esa etapa. No fue sino hasta más de una década después que el público supo que este primer embarazo de Diana estuvo marcado por una terrible ansiedad. Justamente el mes en el que nació Kate, Diana se lanzó por las escaleras de Sandringham para llamar la atención en un intento desesperado por pedir ayuda. Sin embargo, en ese momento, ella sonreía para las cámaras. Muchas mujeres alrededor del mundo estaban al tanto de lo que hacía y copiaban tanto su peinado como su manera de vestir. Ésta es la imagen de la princesa que Carole seguramente vio en los puestos de revistas y en la televisión.

A Carole le gustaba celebrar. Convenció a su amiga George Brown de conmemorar los cumpleaños de los niños, incluso si tenían un año. George era madre de tres y no pensaba hacerle una fiesta a la más pequeña, que iba a cumplir uno, pero recuerda que Carole dijo que era necesario conmemorar el momento. Llevó a Kate a su casa para que juntas celebraran con gorros y pasteles. Para entonces, Carole ya estaba embarazada de su segunda hija, Philippa Charlotte Middleton, que nació el 6 de septiembre de 1983. Era una niña de cabello oscuro a la que pronto le empezaron a decir "Pippa". La vida siguió como siempre; Kate asistía a un grupo que permitía a los niños locales jugar en un salón de la iglesia de St. Peter. Pero a Carole y Michael pronto les tocaría tomar una decisión.

Durante los primeros años de la vida de Kate, Gran Bretaña quedó muy golpeada. Un año antes habían ocurrido altercados por todo el país. En los antiguos territorios de Carole, en Southall, 120 personas resultaron lesionadas como consecuencia de un enfrentamiento entre grupos racistas y jóvenes asiáticos en el mismo pub en donde los padres de Carole realizaron la recepción de su boda. La gente estaba inconforme con los recortes del gobierno al gasto público, además de que el desempleo estaba en el nivel más alto desde antes de la Segunda Guerra Mundial. En abril de 1981, estalló la Guerra de las Malvinas durante dos meses. Las bombas mataron a muchos, años antes y después del nacimiento de la pequeña Kate.

Aunque gracias a la familia de Michael había cierta entrada de dinero, los Middleton recibían sólo un salario. Cuando surgió la idea de vivir y trabajar en el extranjero, Carole y Michael decidieron hacerlo. Gran parte del personal de BA aceptó ofertas similares: les permitiría irse con su familia a algún país distinto durante unos cuantos años. A los Middleton les tocó su nuevo hogar en Jordania, en el Medio Oriente. El cual es un pequeño país que comparte fronteras con Israel, Siria, Irak y Arabia Saudita. Fue una decisión audaz para una pareja joven con una hija de dos años y otra de ocho meses, pero decidieron irse a un lugar a miles de millas de distancia, en donde no tenían familia ni amigos. Se mudarían de su pequeño pueblo arbolado al inhóspito y montañoso terreno de Amman, al norte de Jordania. Sin embargo, era buen momento para partir: ninguna de las dos niñas tenía la edad suficiente para ir al escuela, de modo que no habría que interrumpir rutinas y podrían regresar al Reino Unido justo a tiempo para que Kate entrara a la escuela. Además, era una buena oportunidad de probar algo distinto, disfrutar del sol y conseguir dinero. Sólo se necesitaba un vuelo de cinco horas, con una diferencia de horario de dos horas. Podrían viajar a casa cuando quisieran.

En mayo de 1984, esta familia de cuatro integrantes voló hacia el este, rumbo al Sol. Siguieron así los pasos de Ron, el padre de Carole, a quien el Servicio Nacional había enviado ahí cuando era adolescente. Aunque los dos trabajaban en BA y estaban acostumbrados a viajar, ésta fue la primera vez que Carole y Michael vivirían fuera de su país, y era un mundo completamente distinto al que estaban acostumbrados. Amman era una ciudad bulliciosa, polvorienta y en auge; llena de zocos, mezquitas y vendedores ambulantes. Había caballos y burros en las calles. La gente vivía en las típicas casas árabes blancas y cuadradas, con techos planos. La comida era predominantemente libanesa, lo que significaba que había muchas hojas de parra rellenas, arroz, cordero y panes planos, así como muchas frutas y verduras frescas. Al ser un país 90 por ciento musulmán, con frecuencia se escuchaba la llamada a orar desde las torres de los minaretes. La familia necesitaba acostumbrarse a que el inglés no era el idioma principal, a que debían usar la moneda de Jordania y a los diferentes días festivos nacionales como Eid Mubarak y el Ramadán, en lugar de Navidad y Pascua. En Jordania, el viernes, y no el domingo, era el día de descanso y la gente trabajaba los fines de semana.

La joven familia se mudó a un edificio sencillo de un piso con techo plano cerca de una torre. BA pagaba la renta, por lo que tuvieron la posibilidad de mantener su hogar en Berkshire para cuando quisieran regresarse. Michael laboró en el aeropuerto internacional Queen Alia, que apenas se había abierto un año anterior. Trabajó durante este tiempo como gerente, con un equipo de personas a su cargo. Manejaba un auto de la compañía y jugaba tenis en la embajada británica. BA le proporcionó a la familia vuelos gratis de regreso a casa y, a veces, Carole y las niñas regresaban por unos días mientras que Michael se quedaba en Jordania. La familia completa también volvía a casa para Navidad, aún así, aprendieron a adaptarse a su entorno.

Como familia, a los Middleton siempre les ha gustado estar al aire libre, en este tiempo exploraron en gran medida el país. Visitaron varios lugares como las ruinas grecorromanas en Jerash. A pesar de que la zona en la que vivían era polvorienta, con piedras y repleta de naranjos y olivos, podían acercarse al Río de Jordania, que separaba al país de Israel, para atravesar un valle frondoso y pintoresco. En casa, acostumbraban comer en la terraza. Antes de que pasara mucho tiempo, las cabelleras de Kate y Pippa se aclararon hasta ponerse rubias y doradas por el sol. Kate ayudó a personalizar su nueva recámara, pegando calcomanías de Mickey Mouse en la puerta de su armario. Asistió a la guardería Al Saheera, en donde aprendió rimas infantiles en árabe. Algo que divirtió a quienes la rodeaban fue escucharla cantar "Feliz Cumpleaños" en árabe antes que en inglés.

Sin embargo, aunque los Middleton disfrutaron su viaje exótico, pronto llegó el momento de regresar a casa.

CAPÍTULO DOS
UNA NIÑA LLAMADA "SQUEAK"

Con frecuencia viajaron de regreso a Berkshire. Poco tiempo después del cuarto cumpleaños de Kate, la familia voló de vuelta a casa, esta vez para quedarse. Ubicada en una calle campirana con robles y helechos, West View fue la primera casa en la que Kate había vivido, pero ahora tenía la edad para darse cuenta y recordar. Caminar por el corto camino de grava y llegar a la puerta color escarlata de una casa de ladrillos rojos; dormir en la acogedora y pequeña recámara significaban, para ella, su hogar. Su primera recámara fue una pequeñita, bajo el alero, con un techo fuertemente inclinado y una ventana ladeada. Todos los cuartos eran pequeños y acogedores, pero las niñas también podían disfrutar el amplio jardín que tenía muchos árboles y una casita de juguete.

No tuvo mucho tiempo para acostumbrarse al cambio: Kate tenía que empezar clases en una nueva escuela. En vez de ir a la escuela local, que estaba a un minuto a pie, la inscribieron en la escuela privada St. Andrew's, en Pangbourne, que estaba a 10 minutos en coche. Gracias a una herencia que recibieron por parte de los antepasados Middleton, junto con el dinero que lograron ahorrar durante sus dos años en Jordania, pudieron cubrir la colegiatura de 4 mil libras por periodo escolar. Cuando Kate, de cuatro años, vestía con su camisa blanca nueva, su corbata negra, su suéter verde, su saco verde y su falda azul, estaba lista para irse.

Ubicada al final de un camino sinuoso en medio del bosque, St. Andrew's ofreció el entorno ideal para la pequeña Kate. Esta escuela jugó un gran papel en convertirla en la mujer que ahora es. Los edificios principales estaban colocados alrededor de una mansión victoriana, pero la escuela tenía instalaciones muy modernas y muchos campos para deportes, los cuales Kate aprovechó al máximo durante el tiempo que pasó ahí. Carole y Michael ya le habían enseñado modales y disciplina a sus niñas, pero una de las metas de St. Andrew's era reforzar esta clase de conducta social. La escuela estaba a la vanguardia en cuanto a un nuevo tipo de educación, pues buscaba la excelencia en las áreas académicas tradicionales, en los deportes y en las artes, pero también se enfocaba en producir niños con múltiples intereses que se preocuparan por su comunidad. De hecho, la escuela indica que sus valores son "respeto, bondad, cortesía, trabajo en equipo, honradez, entusiasmo y perseverancia". Era una escuela de la Iglesia de Inglaterra, de manera que los alumnos también iban a la capilla cada semana y celebraban los días festivos cristianos con misas especiales.

La familia se adaptó una vez más a la vida en el campo y Carole, que estaba embarazada por tercera vez, empezó a vender sorpresas y juguetes para las fiestas de los niños locales. Al platicar con otras mamás, se dio cuenta de que no había artículos para fiestas a precios razonables. Tras investigar, Carole decidió llenar ese nicho de mercado –primero con la gente que conocía cerca de casa, a quienes les vendía bolsas para fiestas en el ayuntamiento del pueblo, pero pronto expandió su negocio.

James William Middleton, el primer y único hijo de Carole y Michael, nació el 15 de abril de 1987, poco después del cumpleaños número cinco de Kate. Sus hermanas grandes lo consentían, y lo siguen haciendo. "Lo miman como si fuera su niño precioso", recuerda su tío, Gary Goldsmith. Sin embargo, el nacimiento de su tercer hijo no hizo que Carole detuviera la expansión de su empresa. Mientras que Kate se adaptaba a su escuela, a Carole le iba muy bien con su nuevo negocio. El mismo año que nació el bebé James, nació la empresa Party Pieces, que al principio fue una compañía de ventas por correo. Carole fotografió el primer catálogo con Kate y Pippa como modelos. Las hermanas traían playeras con sus edades y sostenían pastelillos.

La pintoresca y modesta esquinita en el campo de Berkshire resultó tener el ambiente perfecto para el florecimiento de Kate y sus hermanos. Bradford era un pequeño pueblo en donde todos se conocían. Las fiestas infantiles se celebraban en el ayuntamiento del pueblo y el campo era hermoso, perfecto para caminar en medio de la naturaleza, con praderas llenas de vacas y ovejas, helechos enredados y árboles envueltos en hiedra. Era el tipo de lugar en donde quedarse atrapado detrás de un tractor sería una buena excusa para llegar tarde a algún lado. Flores y fresas se vendían al lado del camino. Había bastante trabajo para los encargados de poner techos. No había mucho que hacer; la gente tenía que entretenerse por su cuenta. Esto fue ideal para los Middleton, que realizaban muchas manualidades y deportes al aire libre. Estaba en sus genes. Ron, el padre de Carole, era un talentoso pintor, carpintero y panadero. Incluso tomó clases nocturnas para hacer un violín para su esposa Dorothy. Además, Olive, la abuela de Michael, pintaba con acuarela y su abuelo Noel tuvo una orquesta familiar, en la que el padre de Michael tocaba el violonchelo. Kate y Pippa aprendieron a tocar la flauta y cantaban en el coro. A Kate, como a su bisabuela, le gustaba pintar. Su abuela Valerie enseñó a las niñas a coser. Valerie también fue la encargada de confeccionar el disfraz favorito de Kate, que describe Kate como "Unos magníficos pantalones de payaso… Eran blancos con grandes puntos rojos y ella le puso un pequeño aro hula en la cintura, ¡fue algo genial!"

El núcleo del hogar era la cocina. Era un cuarto largo y estrecho con un techo inclinado. No había suficiente espacio para una mesa, pero siempre pasaba algo interesante ahí. Carole cocinaba y horneaba; todos los niños ayudaban. A Carole, por supuesto, le encantaba celebrar eventos especiales. Los cumpleaños, los días festivos y las ocasiones especiales se festejaban, pero no sólo con un huevo comprado en el supermercado para Pascua, ni con un pastel de cumpleaños comprado en una tienda. No había nada de pretencioso en ellos y disfrutaban de los placeres simples, por ejemplo, la comida favorita de Kate para las fiestas era la gelatina. Les gustaba que la familia entera disfrutara el ritual y la camaradería de crear cosas entre todos. En Pascua, preparaban huevos cocidos con un diseño tipo mármol realizado con colorante vegetal. Navidad siempre fue una ocasión para celebrar en grande. Kate, Pippa y James dedicaban todo diciembre a hacer sus propias tarjetas y coronas navideñas, a preparar mantequilla de brandy y crema de menta y a adornar sus recámaras con cadenas de papel realizadas en casa. El día de Navidad, se apagaba la tele y la familia tomaba una larga caminata antes de abrir sus regalos tras la cena.

El verano era un momento ideal para pasar más tiempo al aire libre, ya sea que el día estuviera idílico y dorado, o que fuera un desastre inundado, siempre había múltiples actividades fuera de casa. A los Middleton, que eran muy aventureros, siempre les gustó estar en exteriores. Cuando se jubiló Peter, el abuelo de Kate, él y su esposa navegaron del Atlántico al Caribe en un barco de 35 pies de largo, y en 1976 la pareja sobrevivió un naufragio en las Bahamas. Ese espíritu de aventura lo heredaron sus nietos, a quienes les encantaba realizar actividades al aire libre como campamentos, el velerismo y las caminatas en la naturaleza. Kate, en particular, siempre fue muy intrépida.

Como Michael todavía estaba trabajando para BA, si querían irse de vacaciones al extranjero, toda la familia podía aprovechar y viajar con los boletos no garantizados que les costaban el 10 por ciento del precio original. Toda la familia se vestía elegante: nada de mezclilla, los hombres con traje y las mujeres con medias. No podían documentar su equipaje porque sólo hasta el último minuto sabían si tomarían cierto vuelo. Entonces, llevaban su propio equipaje hasta la puerta. Eran los últimos en abordar.

En esos años en Berkshire, los Middleton eran una familia de cinco integrantes y un negocio creciente. Llevaban una vida sencilla. Ron y Dorothy, los padres de Carole, compraron una casa cerca, en Pangbourne. Peter y Valerie, los padres de Michael, vivían tras la frontera en Hampshire. Los niños siempre estuvieron rodeados por su familia mientras crecían, y eran muy allegados a sus abuelos. En verano, Peter llevaba a sus nietos a navegar en el estuario de Hamble cerca de su casa. En estos paseos, los niños bromeaban y respondían como piratas cuando les daba instrucciones. Quizá por esta razón les construyó un barco pirata de madera para que pudieran jugar en el jardín.

Cada año, tomaban vacaciones en Lake District; caminaban y hacían picnic con la comida que, como equipo, habían seleccionado antes de salir de casa. Cada uno se hacía responsable de algo, ya fuera preparar los sándwiches, conseguir las botanas o llenar las bolsas. Salían con sus alimentos, que incluían pastel de menta y hot cakes. También acampaban en su propio jardín, y organizaban banquetes de medianoche y fogatas. Michael conectaba una lámpara dentro de la tienda de campaña con un cable de extensión. Se llevaban bien con los vecinos y a veces disfrutaban carnes asadas al aire libre. Algunos tocaban el banjo, y todos cantaban canciones en torno a la fogata. Parece como si fuera ficción, pero así fue la niñez de Kate.

Este estilo de vida quizále pareció muy atractivo a Guillermo cuando él y Kate se conocieron. A pesar de que sus padres procuraron crear un ambiente cálido y amoroso para sus hijos, y con frecuencia lo lograron, eran una pareja en guerra y seguramente se notaba. En cambio, los Middleton eran muy allegados, estables y sencillos. Aunque Guillermo disfrutó de esto algunos momentos, a pesar de tener las mejores intenciones, la relación tensa entre Carlos y Diana debió ser imposible de ocultar.

Diana había deseado que sus niños se sintieran normales y por lo mismo hacían paseos a McDonald's y a juegos de feria en Disney World, pero los elementos de seguridad, los disfraces y los paparazzi no eran parte de la realidad que otros pequeños experimentaban. Aunque comiera muchas hamburguesas baratas, Guillermo vivía en un palacio, y su vida estaba inevitablemente marcada por siglos de tradición, formalidad y protocolo. A lo largo de su niñez veía personal por todos lados, notaba que la prensa esperaba afuera y tenía el peso de su destino sobre sus hombros. Kate y sus hermanos, a pesar de ir una escuela privada y tener estabilidad financiera, tenían una vida en familia muy común; pasaban a las tiendas locales y se involucraban en la vida comunitaria del pueblo. Aunque algunos han menospreciado a Kate por la sencillez de sus raíces, seguramente es algo que atrajo a Guillermo.

Conforme los niños crecieron, las celebraciones se volvieron más ambiciosas. Hubo fiestas temáticas y se crearon pasteles y golosinas con mucha creatividad. En una de las fiestas de cumpleaños de James, en la que el tema fue "los piratas", hubo una gran pelea con globos de agua en el jardín. Kate cuenta que su recuerdo favorito relacionado con fiestas fue un pastel de malvavisco en forma de conejo blanco que Carole le preparó para su séptimo cumpleaños.

La joven Kate también intentó, esporádicamente, su suerte en la cocina. En cierta ocasión realizó un esfuerzo con un resultado desastroso para uno de los cumpleaños de James: "Un año traté de hacer el pastel de mi hermano, pero se me olvidó utilizar harina con levadura", indicó después en la página de Internet de Party Pieces. "Obviamente, el pastel nunca subió, ¡así que lo usé plano y lo convertí en un tipo de postre que intencionalmente es plano y lleva jalea y varias capas de otros ingredientes! ¡Todavía pudimos usar velas, y me pareció que sería una excelente alternativa para alguien a quien no le guste el pastel convencional! ¡Aunque no estoy segura si mi hermano hubiera estado de acuerdo en esa ocasión!" James agregó: "¡a los niños no les gusta ese tipo de postre, cuando creían que iban a recibir un pastel de piratas!"

Esta anécdota demuestra la mentalidad de los Middleton: salir adelante con lo que tienen y no decaerse cuando las cosas salen mal. Consideran que hay que ver el lado positivo en las circunstancias de la vida. Pero esto no quiere decir que hagan lo mejor de una mala situación, sino que van un paso más allá y la utilizan para convertirla en algo maravilloso.

A principios de los años 90, los Middleton registraron el dominio en línea "Party Pieces". A la compañía le iba bien. A la casa, le hicieron ciertas modificaciones, como, por ejemplo, un jardín con un gran cobertizo de techo alto que usaban como oficina, con electricidad y una línea telefónica. También construyeron un cuarto de juego para los niños. Pensaron en llenarla pronto con libros, juguetes, una tele, un reproductor de cintas de vídeo y dibujos escolares para decorar las paredes.

Se han hecho muchos comentarios poco favorables y amargados con respecto a Carole Middleton, han dicho que era una mamá encajosa, con ambiciones de escalar socialmente, pero este tipo de comentarios están fundados en la envidia y la pretensión. Después de todo, ¿qué madre no desea que sus niños tengan una mejor vida a la que ella tuvo de chica? La ambición no es algo malo. Carole había iniciado sin nada, creció en una casa pequeña ubicada en el centro de un área de interés social y estudió en escuelas públicas. Fue ella quien montó su negocio gracias a una idea original. Trabajó mucho y, al mismo tiempo, crió tres niños. Su esposo dejó su trabajo para dedicarse de tiempo completo al negocio que ella manejaba, que estaba en expansión. Ahora, que han pasado los años, Carole se sigue esforzando en mantener su empresa en funcionamiento. Les ha enseñado a sus hijas a ser fuertes, plenas, saludables y exitosas. Otras personas similares han sido llamadas "un ejemplo a seguir" para las feministas. Incluso se dio tiempo para participar en un partido deportivo para padres de familia cuando había día de deportes en la escuela. Si Carole hubiera pisoteado a la gente y la hubiera tratado mal cuando intentaba mejorar su vida y la de sus hijos, quizá habría razón para criticar, pero quienes han conocido a Carole invariablemente la describen como una mujer amigable, cálida y trabajadora. Otros han insinuado que Party Pieces tuvo tanto éxito por la asociación de los Middleton con la familia real, pero la compañía funcionaba muy bien 15 años antes de que Kate conociera a Guillermo.

Cuando Kate cumplió 11 años empezó a quedarse en el internado de St. Andrew's. Para Kate, como para Pippa, la primera vez que pudieron dormir fuera de casa fue con una agrupación de niñas *scout* conocida como "Brownies". Se unieron a un grupo en St. Andrew's en Pangbourne en septiembre de 1990 cuando Kate tenía ocho años y Pippa siete. La siguiente Pascua, se fueron a un campamento con las *Brownies*; visitaron un lugar conocido como Macaroni Wood en la zona de los montes Cotswolds. Alimentaron gallinas, recolectaron huevos, vieron cómo nacían los pollos; alimentaron con biberón a los corderos, montaron a caballo y fueron de paseo en carruajes tirados por caballos. También, fueron a la granja de Cogges Manor y a un sitio de ordeña a la antigua en donde les ofrecieron helado. En interiores, hacían manualidades como títeres y huevos de Pascua, cocinaban, pelaban cebollas y papas. Tenían que hacer trabajo doméstico para ganarse parches. Luego, se acostaban en bolsas para dormir o en catres dentro de los dormitorios.

Al mismo tiempo, Kate estaba teniendo mucho éxito en la escuela. Era popular y siempre estaba rodeada por amigas. Había cuidado a Pippa cuando entró a la escuela dos años después que ella. Las hermanas siempre han tenido una relación extremadamente cercana. Durante sus ocho años en la escuela, Kate jugó hockey y tenis, fue capitana del equipo de *netball* –un deporte similar al basquetbol. Fue quien obtuvo la puntuación más alta de la temporada en un juego conocido como *rounders* que se practica con un bate y una pelota, ganó la carrera de 200 metros planos, rompió récords escolares de natación, salto de altura y salto de longitud. Además, disfrutaba correr a campo traviesa. Participó en viajes anuales para esquiar que su escuela organizaba. En cierta ocasión, realizó un viaje escolar a Snowdonia: caminaron al lado de un río y escalaron el terreno rocoso y silvestre, esto fue fácil para ella, pues estaba acostumbrada a hacer actividades similares en sus viajes en familia a Lake District.

"Era del tipo de chica que va a 100 millas por hora y se concentra por completo en todo lo que hace", recordó uno de sus antiguos cuidadores, Kevin Allford, en una entrevista con el *Daily Mail*. "Trabajaba mucho y a veces se iba a los salones a estudiar cuando los demás estaban jugando." Más adelante en su vida, cuando ya estuvo bajo el escrutinio del público, algunos dijeron estar preocupados por su delgadez; sin embargo Denise, otra de sus cuidadoras y esposa de Kevin, indicó que Kate siempre ha sido así de esbelta. "Catherine tenía un metabolismo muy elevado… Tenía un tremendo apetito, pero como le ponía tanto esfuerzo a todo lo que hacía, requería una dotación constante de calorías."

Sin embargo, no todo en la vida de Kate era estar al aire libre. Pertenecía a la orquesta de cámara de su escuela, y después se integró a un grupo de flauta llamado "Tootie-Flooties", con su hermana Pippa. También cantó en el coro y a veces era la cantante principal. Se presentaban, a nivel local, afuera de pubs y restaurantes para recaudar dinero para obras de beneficencia. También cantaron en la iglesia de St. James para una misa en Nochebuena. En 1994, cuando Kate tenía doce años, el coro entró en la competencia Canción para Navidad de la BBC y fue una de las 50 escuelas en recibir un reconocimiento.

Aunque no había mascotas en la casa de los Middleton, había varias en la escuela, incluyendo a dos conejillos de indias llamados "Pip" y "Squeak". Como tenía una hermana llamada Pippa, a Kate le pusieron de apodo Squeak. Fue también en St. Andrew's donde aprendió las costumbres escocesas. Ahí, se celebraba el día de San Andrés, aunque se sustituía el tradicional platillo escocés *haggis* por pastel de carne. Se servían nabos y papas, una guarnición típica en ese día, y un estudiante leía una oración conocida como "Selkirk Grace" antes de que empezaran a comer. Los alumnos luego participaron en algo llamado "juegos progresivos" que su escuela había inventado. Se jugaban en interiores e incluían juegos cortos, de cinco minutos, por los que los participantes recibían una puntuación.

La disciplina enseñada por sus padres había rendido frutos. Kate supo aprovechar su tiempo y las oportunidades que se le presentaron en St. Andrew's. Le gustó tanto la experiencia escolar, que cuando terminó le dijo a Carole que de grande le gustaría ser maestra. Durante un tiempo, también le interesó la actuación. Cuando todavía estaba en St. Andrew's, participaba en competencias de oratoria, pantomima y obras de teatro. Aprendió a bailar ballet y tap. Le gustaba tomar talleres de teatro en las vacaciones de verano. Algo que contrasta con su imagen de mujer reservada es que Kate no sólo participaba en producciones escolares, sino que generalmente llevaba el papel principal. En 1992, a los diez años, hizo el papel de príncipe en *Cenicienta*, y fue muy graciosa como Eliza Doolittle en *Mi bella dama*, al lado de Andrew Alexander, quien ahora pertenece a la compañía de arte dramático clásico llamada "Teatro". También actuó en *El cascanueces*, e interpretó un solo durante el concierto de verano. Sus parlamentos siempre eran perfectos y cantaba bien.

A los diez años, no le interesaban los chicos. Todavía le apasionaban los deportes y pasatiempos. Veía al Príncipe Guillermo ocasionalmente, cuando participaba en encuentros de hockey en su escuela. Seguramente se preguntaba cómo le estaba yendo en ese tiempo. En 1992, sus padres se separaron de manera oficial y, debido al divorcio de la Princesa Ana y el Capitán Mark Phillips, la separación del Príncipe Andrés y Sarah, la Duquesa de York, y el incendio en el Castillo de Windsor, la Reina dijo que ese año fue su *annus horribilis*. Tiempo después, cuando los periódicos empezaron a cubrir las discusiones entre Carlos y Diana, hubo duras opiniones respecto a quién debería recibir dinero del gobierno. El público se mostraba desencantado con una familia real que parecía no tener mucho contacto con el mundo moderno. Su popularidad estaba en el nivel más bajo que nunca. En esa época, Guillermo trataba de ser discreto en la escuela y de no pensar en los problemas de su familia. Como Kate, la mayoría de los estudiantes de la escuela lo veían jugar cuando su equipo estaba de visita, pero fue otro rubio Guillermo quien le robó su corazón.

CAPÍTULO TRES
"¡SÍ, SÍ, QUERIDO GUILLERMO!"

Una niña alta, flaca, de cabello castaño a medio hombro y con frenos en los dientes estaba a punto de llegar a la adolescencia. Estaba más preocupada por calcetas deportivas y rodilleras que por el maquillaje. Mientras que otras chicas empezaban a experimentar con el maquillaje, la moda y los chicos, Kate se aferraba a lo que conocía y lo que la hacía sentirse cómoda. Su tío Gary decía que ella siempre estaba vestida para divertirse. Algo que posiblemente alentará a las preadolescentes que están atravesando una etapa difícil, es que Kate más adelante, ya en la edad adulta, mostró refinamiento y distinción. Pero, en ese momento, eso no le preocupaba. Los chicos de su clase todavía no se interesaban en ella y, en general, ella tampoco se fijaba en ellos. Cuando celebró su cumpleaños número trece y entró a lo que sería su último año escolar en St. Andrew's, seguía enfocada en su trabajo de escuela, sus logros deportivos y su pasión por la actuación y las artes. Antes de graduarse, pasó exámenes de flauta y canto. Incluso ganó un trofeo de *rounders* y otro por logros deportivos excepcionales.

Actuó una vez más en una obra llamada *Asesinato en el granero rojo,* que estaba basada en un asesinato de la vida real ocurrido en Suffolk en 1827. Algunos de los diálogos extrañamente resultaron ser como profecías. Kate tenía trece años, pero hizo el papel de una mujer llamada Maria Marten, a la que una adivina le decía que conocería a "un caballero rico". Ante esto, Kate susurraba dramáticamente "¡eso es todo lo que siempre había soñado!" Y preguntaba "¿Se enamorará de mí? ¿Se casará conmigo? ¿Me llevará a un lugar distinto?" La adivina le decía: "¡Sí! ¡A Londres!" Conforme se quedaba parada sola en el escenario, soñando sobre su futuro, decía: "Rico y guapo… Se enamorará de mí… Se casará conmigo… Londres…" Más adelante en la obra, un chico rubio que hacía el papel de su galán, Guillermo, se arrodillaba ante ella y le pidió matrimonio. Kate suspiraba dramáticamente y respondía "¡Sí, sí, querido Guillermo!" En realidad, el Guillermo representado en la obra era un hombre llamado William Corder que más adelante le disparó a Maria Marten y la enterró en el granero rojo, pero, afortunadamente, esa parte del cuento ya no tiene nada que ver con la realidad. Pasaron otros 16 años antes de que el Guillermo de la vida real de Kate, el de cabello rubio y fleco, se enamorara de ella y le pidiera matrimonio. En cuanto a Londres, no sólo se mudó a esta ciudad, sino que se convirtió en una de sus residentes más famosas, con su rostro en tarjetas postales y un palacio real como su casa.

Aunque apenas era 1995, los Middleton ya estaban teniendo avances. El año que Kate salió de St. Andrew's también fue el año en que Carole y Michael pudieron comprar una propiedad más grande. Party Pieces estaba operando con tanto éxito, que pudieron vender la primera casa que tuvieron cuando recién se casaron, la de Cock Lane, por 158 mil libras y comprar un nuevo hogar, por 25 mil libras, en la zona conocida como Chapel Row. Esta gran casa en el campo con cinco recámaras se llamaba Oak Acres y abarcaba un acre y medio de terreno. Kate decoró su recámara con azul y crema, mientras que Pippa eligió el rojo. Carole y Michael mandaron tirar algunas paredes para dar más espacio. Luego les permitieron a los niños usar una casita en el jardín para invitar a sus amigos a pasar el rato y escuchar música. También compraron algunas construcciones viejas de granjas que había en los terrenos públicos de Ashburton, los cuales estaban cerca, para guardar sus inventarios y contratar más personal.

A pesar de la mudanza, todo seguía igual para la familia; el pueblo más cercano, Bucklebury, y la zona que lo rodeaba, era similar al sitio de donde provenían, que quedaba a solo 10 millas. Había muchas áreas verdes, con robles antiguos y grandes campos. A menos que uno deseara ponerse botas y tomar una larga caminata, era el tipo de lugar en el que era necesario manejar todo el tiempo. La familia siempre asistía a una feria que se realizaba durante el día festivo británico en agosto. Con frecuencia visitaba el pub de la localidad, el Old Boot Inn, un edificio del siglo XVIII con interiores contemporáneos. No era el tipo de pub con comida gourmet al que llegaba la gente de lejos a visitar, pero era cómodo y relajado, con una chimenea y con un patio en la parte trasera. Los Middleton aprovechaban todo lo que su zona les ofrecía, y se adaptaron con facilidad. En el otoño, Kate se encaminó a la prestigiada escuela Downe House. La alegre chica de grandes logros estaba acostumbrada a convivir con jóvenes que compartían sus intereses. Siempre fue popular a pesar de ser callada y modesta, quizá por esta razón lo que ocurrió después le resultó una gran sorpresa.

Downe House estaba a un trayecto de menos de 10 minutos en coche desde su casa, en Thatcham. Se componía de varios complejos; edificios para profesores y de viviendas, repartidos en 110 acres de bosque. Entre los alumnos que han asistido a este prestigiado instituto se encuentran Miranda Hart, Claire Balding y Sophie Dahl. La escuela tiene buena reputación. Para indicar lo bien que le estaba yendo en 1995 a Party Pieces, hay que señalar que la colegiatura era de 22 mil libras al año, y que los Middleton pretendían que sus tres hijos estudiarán en escuelas privadas. Kate iba a tener que adaptarse a estar, de pronto, en una escuela exclusiva para niñas. Sin embargo era muy cercana a su madre y a su hermana menor y, a pesar de que siempre había sido poco femenina en cuanto a sus intereses deportivos y recreativos, le agradaba la compañía de las niñas. Así que ¿qué tan difícil podría resultar?

Empezó a esforzarse mucho, a involucrarse con equipos deportivos y a hacer, tentativamente, nuevas amistades, pero algo en ella le desagradó a las otras chicas. También se distinguía de las demás porque era una de las pocas alumnas que no residía ahí, pues ella regresaba a casa después de la escuela. En una etapa de la vida en la que se piensa que es genial experimentar con alcohol, cigarros y chicos, Kate era dulce y suave. Todavía le interesaban más el trabajo escolar y los deportes. Una ex alumna, Emma Sayle, recuerda: "Downe House es una gran escuela, pero es una escuela donde se pelea. Kate fue víctima del *bullying*"; para ella, fue un *shock*.

Kate tuvo una infancia tan amorosa y segura que podría haber sido sacada de las páginas de un libro infantil con pastelitos de malvavisco y canciones tiernas en torno a una fogata. Aunque había viajado un poco, no era una mujer de mundo –era romántica y tenía valores a la antigua. Algunas de las chicas que allí estudiaban venían de grandes ciudades y a sus 13 años se vestían y maquillaban con esmero, eran precoces. Muchas cosas ya las aburrían. En ese ambiente, Kate era un blanco fácil por ser una niña buena. La atacaban las chicas más agresivas y maduras que deseaban romper las reglas, desafiar a la autoridad y dejar en claro que ellas eran quienes dominaban.

Le decían nombres desagradables, se robaban sus libros; además cuando ella se sentaba para comer, se levantaban y se iban. Susan Cameron, quien era la directora cuando Kate estuvo ahí, declaró al *Daily Mail*, "Sí, la molestaban... Las chicas forman grupitos por naturaleza y pueden ser algo crueles... Pueden percibir quiénes son ligeramente más débiles o quiénes todavía no muestran su fuerza, y son esas chicas quienes tienden a ser molestadas. Creo que es justo decir que (Kate) se sentía agobiada y no estuvo especialmente contenta".

Tras dos ciclos escolares, fue evidente que no estaba funcionando esta nueva escuela, y que era probable que no se resolviera la situación. Carole y Michael sacaron a Kate de Downe House y la inscribieron en una escuela cercana e igualmente prestigiada: Marlborough College.

Cada quien hace frente al *bullying* de manera distinta. Puede ser difícil identificarlo cuando sucede, pero para quienes lo están experimentando, consideren que Kate es un buen ejemplo de alguien que pudo sobreponerse para después florecer. No huyó, en cuanto notó que había problemas, trató de sobrellevar la situación y seguir adelante, pero supo cuándo era el momento para hacer un cambio. Más adelante, prestó su apoyo a quienes atravesaron experiencias similares, pues ella y Guillermo dieron parte de los donativos que recibieron en su boda a la institución de beneficencia Beatbullying, organización que combate este problema. La razón oficial que se dio fue que Kate y Guillermo habían elegido donar a cada institución de caridad porque se identificaron con ellas y reflejaban problemas en los que ambos tenían un interés especial.

No es fácil tener catorce años, ni tampoco empezar a asistir a una escuela nueva a esa edad. Iniciar, tras dos ciclos escolares, cuando todos ya se han adaptado y tienen amigos, definitivamente no es sencillo. Kate no sólo se enfrentaba a la situación de volver a ser la chica nueva en la primavera de 1996, sino que seguía afectada por los recientes eventos que, aunque ya los había dejado atrás, destruyeron su autoestima. Pero ella era fuerte. Se armó de valor, se vistió con su nuevo uniforme, el cual consistía en blusa blanca, suéter azul oscuro y falda azul con verde, e inició clases en Marlborough College, en Wiltshire al principio del ciclo de verano.

Marlborough, al igual que St. Andrew's, cuenta con gran privacidad y se oculta tras enormes rejas. Tiene un grupo de edificios de ladrillo rojo, algunos cubiertos de hiedra que rodean el pasto perfectamente cuidado. El edificio principal es una mansión al estilo georgiano, que se usa como uno de los internados exclusivamente para niños, y también hay otros edificios de estilo georgiano o victoriano que se utilizan, también, como internado, como teatro y para las aulas de inglés. Una capilla gótica se encuentra en una esquina, con pinturas prerrafaelitas y vitrales de William Morris, quien fue alumno de la escuela. Todo el colegio está construido al lado de la colina Marlborough, una grande loma con pasto que posiblemente fue parte de un castillo normando. En torno al patio principal hay árboles, pasto y arroyos, 6 áreas para jugar hockey, 10 canchas para *netball* y 24 canchas de tenis; además costaba 27 mil libras al año, era más costosa que Eton. Entre sus ex alumnos estaban el poeta Sir John Betjeman y el actor James Mason. Samantha Cameron, la esposa del Primer Ministro, había estado allí antes que Kate, y la Princesa Eugenia asistió después de Kate.

El colegio estaba dividido en dormitorios y cada uno era el hogar de unos 60 o 70 alumnos durante la época en la que estuvo Kate. Las clases y las actividades deportivas se realizaban en el patio central o cerca de éste, y los alimentos eran servidos en el comedor. Los dormitorios estaban distribuidos en los campos, a pocos pasos, y los alumnos regresaban a ellos para estudiar, relajarse o dormir. Podían volver rápidamente a su habitación en cualquier momento durante el día y cada alumno compartía su cuarto, además de una pequeña área de cocina donde podían guardar y preparar su propia comida. Las casas estaban dirigidas por un encargado o encargada, que hacía de figura paterna, construyendo una relación cercana con cada alumno, actuaba como mentor y supervisaba su desarrollo; también manejaban los deportes de cada dormitorio y eran el principal punto de contacto para cualquier padre que quisiera informes sobre su hijo. De la misma forma, les daba apoyo una mucama que se encargaba de los quehaceres domésticos como lavar, coser y supervisar al personal de limpieza. También había una consejera escolar, la señora Bryant, quien iba de visita dos veces por semana. En el primer año, las chicas vivieron juntas en los dormitorios comunitarios. Luego, cuando avanzaron más en sus estudios, rentaron una habitación amueblada.

Kate, una vez más, estaba en un ambiente donde chicos y chicas convivían. Esto le parecía bien a la joven adolescente. Sin embargo, decidieron colocarla en la residencia de niñas de Elmhurst House, que era un edificio del siglo XIX con su propio jardín y que, además, era conocida por sus fuertes lazos con los deportes. Antes de que Kate llegara, la mucama, la señora Gould, habló con las chicas de al lado y les dijo que una niña nueva iba llegar y que necesitaba que la trataran bondadosamente porque no la habían tratado nada bien en su escuela anterior. El director Ed Gold también acudió al cuarto comunitario durante la primera semana de Kate para revisar cómo le estaba yendo. Las cosas iban bien: estaba haciendo amistad con las niñas de su dormitorio y acostumbrándose a su nuevo entorno.

El día escolar iniciaba cuando la campana sonaba a las 7:30. Después del desayuno, las clases comenzaban entre 8:30 y 9:00 de la mañana, la comida era a las 12:30, la práctica de hockey a la 1:30; luego había más clases. Después podían practicar de nuevo hockey a las 4:30 durante media hora, y luego debían volver a Elmhurst para estudiar dos horas y cenar. Las comidas podían hacerse en el salón principal, aunque las chicas podían prepararse algo en la cocina del dormitorio. A Kate le gustaban la mantequilla de cacahuate, los triángulos de queso para untar Dairylea, el peperoni picante y una pasta untable llamada Marmite; su especialidad eran los "sándwiches chiclosos de Marmite".

Tras el breve mal momento en Downe House, la vida siguió su ritmo habitual. Jugó hockey, tenis y *netball*, disfrutó al correr a campo traviesa y trabajó mucho, hasta convertirse en una monitora estudiantil. Su compañera Kathryn Solari dijo que ella siempre había sido "muy dulce y encantadora. Era muy buena niña y estaba bastante adaptada a la escuela –siempre hacía lo correcto– y era muy, muy deportista". Otra persona, Charlie Leslie, recuerda que ella era "Sensata y nada pretenciosa… Una chica absolutamente fenomenal, realmente popular, talentosa, creativa y deportista". Antes de que pasara mucho tiempo, Kate no sólo estaba dedicada a los deportes, sino también a las diversiones extracurriculares. Participó en la versión estudiantil del programa de televisión *Blind Date*, y pidió prestada una blusa color verde limón, una falda negra y medias de red y una peluca para disfrazarse de la conductora Cilla Black y ser la anfitriona del evento. También participó en el "grito de la casa", que era como un club de canto en el que ella y tres amigas cantaron *I'll Be There for You* la canción tema de la serie *Friends*. Era un ambiente cálido donde se sentía bienvenida. Los dormitorios de las chicas tenían una especie de dormitorios gemelos donde vivían varones. El dormitorio donde estaban los "hermanos" de Elmhurst se llamaba "Barton" y estaba a un lado. Los habitantes de ambos hogares siempre competían de manera amigable. También compartían un sentido de camaradería, pues organizaban muchas fiestas conjuntas.

En el segundo año, Kate se mudó de su dormitorio y compartió un cuarto amueblado con su amiga Jessica Hay. Mientras tanto, el Príncipe Guillermo, de 14 años, estaba empezando a aparecer en portadas de revistas. Sus padres finalmente se habían divorciado ese año y recientemente había comenzado a estudiar en Eton, de modo que estaba constantemente ante la vista del público. La revista *Time* publicó una fotografía de él a página entera en su portada relacionándolo con los conocidos problemas de la familia real, aquellos que se habían mencionado en los periódicos la mayor parte de la década anterior, sencillamente preguntaba: "¿Este chico puede salvar a la monarquía?" Por su parte, la revista *People* también llevó a Guillermo como la imagen principal de su portada, con la frase "¡Miren quién es un ídolo juvenil!" Se estaba convirtiendo en un ídolo similar, en ese sentido, a Leonardo DiCaprio, estrella de *Romeo y Julieta*, o Ewan McGregor, de *Trainspotting*. Algunos antiguos inquilinos habían dejado un póster del joven Guillermo, pero después de un tiempo las niñas lo quitaron. Kate personalizó su hogar colgando la foto de un modelo de Levi's y de Kate Moss, que en ese momento era la fresca e inocente novia de Johnny Depp, y el icono de estilo de la chica joven.

Sin embargo, mientras que la joven Moss usaba moda roquera y fuera de moda, la estudiante Kate se vestía de manera modesta y sencilla. Su compañera de clases Gemma Williamson comentó para el *Daily Telegraph*: "Kate nunca usó ropa particularmente a la moda ni reveladora, solo jeans y suéteres con aretes de perla discretos y muchas pulseras." Kate, a sus 15 años, todavía no se interesaba tanto por la moda y al mismo tiempo le gustaba jugar con sus amigas y divertirse de manera inocente. El cabello a medio cuello que había tenido antes de la adolescencia ya había crecido y llegaba a los hombros. Vestía con jeans, chalecos y suéteres abiertos. Como accesorios usaba un manojo de cadenitas y collares. Tenía un rostro fresco, natural y deportivo, pero todavía no había llamado la atención de los chicos. Los chicos de los dormitorios del internado Barton House pegaban una lista en su puerta, en la que nombraban a las chicas que les gustaban en ese momento. Kate jamás estuvo en esa lista. Le gustaba cantar éxitos de Whitney Houston, y en esa época también estaban llegando a las listas de popularidad las Spice Girls. La chica libre de pretensiones jamás hubiera pensado que Posh Spice y Victoria Beckham asistirían a su boda con el Príncipe Guillermo –eso hubiera sido como una fantasía para una niña de escuela.

En el verano de 1998, a los 16, Kate tomó 11 exámenes para obtener un certificado general de educación secundaria, y pasó todos. Después, ella y un gran grupo de niñas y niños celebraron en Great Bedwyn, un sitio que quedaba cerca. Era típicamente inglés y estaba rodeado por prados y ríos. Era uno de los favoritos de los adolescentes. Debajo de los árboles les gustaba beber, platicar, coquetear y tomar el sol. Los chicos llevaban vino y vodka y las niñas, comida. Después de sus exámenes, todos se emborracharon, excepto Kate. Su amiga Jessica después declaró al *News of the World*: "Jamás la vi borracha. Incluso después de que terminamos los exámenes, sólo tomó unos cuantos tragos de vodka."

Kate sí fue a una fiesta más alocada, la que hizo William, el hermano de su amiga Alicia Fox-Pitt. Se fue de ahí en un estado mucho peor que el que tenía al llegar, pero fue algo inusual. Parece que aprendió desde joven que no le gustaba la sensación de estar borracha. La afectaba muy rápidamente y se ponía risueña y chistosa después de un par de bebidas, y aunque le parecía bien cubrir a las niñas que sí querían escaparse para hacer travesuras, ella se cuidaba a sí misma y jugaba conforme las reglas.

Bo Bruce, la cantautora inglesa que concursaba en el programa *The Voice* de la BBC, cuyo nombre completo es Lady Catherine Anna Brudenell-Bruce, iba la escuela junto con Kate y Pippa y recuerda: "Eran unas chicas tan geniales. Estábamos en el equipo de hockey y ellas eran tan graciosas, exitosas y queridas por todos. No había ningún secreto con esas chicas."

Ese verano, Kate fue al extranjero por primera vez sin sus padres. Viajó por Brasil y Argentina con el equipo de hockey de la escuela. No solamente triunfó junto con sus compañeras de equipo, pues perdieron sólo dos juegos en todo el viaje, sino que disfrutó toda la experiencia y, de paso, maduró un poco. Besó a chicos sudamericanos y absorbió todas las nuevas experiencias, incluyendo una visita a las espectaculares cataratas de Iguazú, "más grandes que las del Niágara, son húmedas y tropicales, con agua pulsante y nubes de rocío", como diría su compañera de clases Gemma. Kate regresó de esa vacación de verano convertida en "una belleza total". Algo en ella había cambiado y había florecido: regresó bronceada y libre de preocupaciones. Se veía más guapa y, a punto de cumplir 17, su cuerpo se había hecho más femenino. Se veía más refinada y segura de sí misma. Después de todo, era una mujer que ya había visto el mundo. Se dejó el cabello más largo y usó un poco de maquillaje.

Kate comenzó a llamar la atención de los chicos de la escuela. Luego, participó, junto con otros compañeros de clases, en una "situación romántica organizada". Consistía en que los amigos eran intermediarios y le hacían llegar una nota a la persona que le interesaba a alguien más. Entonces, la nueva pareja se reunía el fin de semana. Luego regresaba a su respectivo dormitorio y compartía la experiencia con sus compañeros. A ella le gustaba un chico alto con pómulos prominentes y cabello café claro llamado Willem Marx. Fue un enamoramiento pasajero de adolescentes, pero ambos siguieron siendo amigos. Incluso socializaron en más de una ocasión, una década después, en Londres. Era bien sabido que Kate era exigente: no cualquiera le parecía atractivo, se respetaba a sí misma desde una temprana edad. Aunque Willem le gustaba bastante, pensaba que muchos de los demás chicos eran "toscos". Ella era una chica muy femenina y le gustaba ir los miércoles a los salones de té llamados Polly Tea Rooms a saborear té y panquecitos de mora azul. En este tiempo, su uniforme consistía en una falda negra larga, una blusa y un saco. Los chicos iban de traje.

Mientras se acercaba el final de su tiempo de felicidad en Marlborough, empezó a pensar qué haría después. A Kate siempre le interesó el arte y había decidido estudiar historia del arte en la universidad, pero todavía no sabía a cuál asistir. En cierto momento se le estaba antojando ir a Oxford Brookes, que era conocida por su curso de historia del arte, pero aún no era indispensable decidir. Antes de hacerlo, había un glorioso verano y un año libre. Finalmente salió de Marlborough con tres calificaciones perfectas en química, biología y arte. Se sentía orgullosa de sí misma; esos resultados estaban por encima del promedio y significaban que podría elegir entre las mejores universidades del país.

CAPÍTULO CUATRO
PRIMEROS AUXILIOS Y ATOLE EN LA PATAGONIA

En Inglaterra, el año libre es una parte tan importante en la educación como lo es completar los exámenes e ir a una buena universidad. Es una oportunidad para trabajar en el extranjero, viajar y conocer la vida antes de empezar con la educación universitaria. Mientras que algunos adolescentes experimentan y ponen puestos callejeros de comida, usan turbantes o emplean sustancias que alteran la mente, Kate viajó a Florencia en la Toscana para recibir más educación. Estudió italiano en el Instituto Británico durante tres meses. Vivió en un departamento con una escalerita de piedra que se encontraba en el segundo piso de una *delicatessen*, junto con otras tres chicas, entre ellas a la sobrina de Chris Rea, Alice Whitaker. A Kate le encantó la historia y el romance de la ciudad medieval, conocida como el lugar de origen del Renacimiento. Florencia está llena de plazas bulliciosas, palacios antiguos y galerías, además de que las campanas de las iglesias suenan todo el día. Es una ciudad tan rica en cultura que muchos visitantes han sufrido del síndrome de "Stendhal", que consiste en mareo, desmayos y alucinaciones tras enfrentarse a la abundancia de arte. Fue el entorno perfecto para la chica que pronto estaría empezando a estudiar historia del arte.

Exploró la ciudad con su cámara, y caminó por las calles empedradas que han sido recorridas durante un milenio, absorbió lo que la rodeaba y tomó fotos de las incontables cosas espectaculares que enfrentó. Había muchas para elegir: desde el puente del Vecchio del Río Arno, cerca de antiguas tiendas de joyería, hasta el famoso Duomo de la Catedral de Florencia y la Iglesia llena de riquezas de Santa Croce. Gracias al calor otoñal característico de Florencia, las tardes lánguidas se derretían hasta convertirse en noche y las chicas se sumergieron en la cultura de los cafés instalados en las banquetas. Se iban al bar L'Art en Via del Moro a tomar cocteles en la hora feliz y reunirse con otras personas que estaban también de año sabático. Los chicos locales se interesaron en ella, pero ella no. Había estado saliendo con un compañero de escuela de Marlborough llamado Harry, que también estaba estudiando en Florencia aunque estaba tomando un curso diferente. Sin embargo, esta relación no duró, pues él no quería "comprometerse". Los padres de ella fueron a visitarla a la mitad de su curso, y les mostró la zona. Se quedaron en un hotel local y la llevaron junto con sus amigas a tomar bebidas una noche. Conforme se acercó diciembre, el curso llegó a su fin y Kate regresó a su casa en Berkshire a pasar Navidad con su familia, pero poco después de celebrar su cumpleaños 19 estaba empacando otra vez. En vez de ir a las calles empedradas cubiertas por el sol de las antiguas plazas de Florencia, se iba a abrigar con ropa térmica y a prueba de agua, pues viajaría a Chile.

No era la primera vez que estaba en Sudamérica, recordemos que fue con el equipo de hockey de su escuela a Argentina y Brasil aquel verano en el que tenía 16 años. Esta vez iba a aprender y trabajar, junto con otros 150 jóvenes, como parte de un grupo organizado por Operation Raleigh. "Uno de los propósitos clave de Raleigh es el desarrollo personal", explica Malcolm Sutherland, que fue el líder de la expedición de Kate. "Te ponen en un ambiente que probablemente esté fuera de tu zona de confort junto con un grupo bastante diverso de personas, y tienes que hacer que funcione." De los 150 jóvenes que estaban ahí, algunos habían recibido educación privada como Kate, pero otros eran jóvenes que cometieron algún crimen o que salieron de programas de rehabilitación por drogas, de manera que estaría con un grupo muy variado de personas.

El Príncipe Guillermo había sido parte de un equipo que había ido a la misma parte de Chile tres meses antes. Muchos de los trabajadores que estaban ahí han comentado que pasaron un tiempo tanto con él como con Kate. Se ha dicho que Kate siguió a Guillermo hasta Chile y también a St. Andrews con la intención de quedar bien con él, pero ella ya había ido a una actividad de fin de semana con Operation Raleigh el verano previo, y ahí fue cuando a los potenciales voluntarios les explicaron cómo eran los diferentes viajes que se ofrecían. Ella decidió ir a Chile antes de que se anunciara que Guillermo viajaría allá. (Además, el equipo de la prensa de Guillermo no anunció a qué universidad pensaba ir sino hasta el siguiente otoño, y para entonces Kate ya había elegido St. Andrews. Así que el hecho de que Kate y Guillermo fueran a Chile con Operation Raleigh y luego a la Universidad de St. Andrews no quiere decir absolutamente nada, más allá de que tenían intereses similares.)

Antes de viajar a Chile, Kate atendió una sesión, con los demás participantes, en la que además de darles informes, les hablaron de la cultura chilena, el gobierno local y los proyectos que estarían realizando. Además, hubo actividades para romper el hielo de manera que la gente se pudo conocer un poco más. Se les pidió llevar ropa a prueba de agua que fuera abrigadora, una bolsa para dormir y una colchoneta para dormir. Se les indicó que su equipaje para tres meses debería caber en una sola bolsa. Iban a llegar al final del verano chileno y se quedarían hasta el invierno. El clima era bastante británico, es decir, cambiante y con poco sol, pero también con mucho frío y lluvia. Al final de enero, Kate se reunió con los otros 150 voluntarios en el aeropuerto y volaron a Chile. Durante los primeros cinco días se adaptaron a la altura y se dedicaron a realizar actividades de entrenamiento que involucraban aprender más acerca del país, así como conocer detalles de primeros auxilios, la manera de operar los sistemas de radio y cómo cocinar para grupos grandes de personas. Luego los dividieron en grupos de 12, que irían acompañados con dos miembros del personal.

Kate y su equipo recorrieron durante tres semanas la Patagonia. Ella y el resto del grupo cruzaron ríos, escalaron montes e instalaron tiendas de campaña en la noche, para aprender sobre lo que les rodeaba y algunas técnicas de supervivencia, que les explicaban, sobre la marcha, los líderes de grupo. Todos durmieron en tiendas de campaña para dos personas y, además de cargar sus propias bolsas, se dividían el equipo para acampar y los suministros para cocinar, de manera que todos cargaron. Dado que constantemente avanzaban en una zona remota, la comida era básica y fácil de preparar: sin carne ni productos lácteos y con muy pocos ingredientes frescos. Había atole para desayunar y mucho arroz; pasta y comida deshidratada en paquetes por la noche, pues todo lo que había que hacer era añadir agua caliente. Cocinaban y comían en grupo. Había una política de evitar el alcohol, así que había muchas noches en las que se dormían temprano tras un día extenuante de explorar.

Tomaban turnos cada día para estar a cargo de diferentes responsabilidades, de tal manera que un día Kate era la líder del grupo, otro día era la persona encargada de cocinar y uno más estaba a cargo de las comunicaciones con la base. "Era una persona callada pero fuerte", recuerda Malcolm Sutherland; "no era extrovertida, realmente no estaba intentando ser nada, simplemente era fuerte y no se quejaba. Era una buena integrante del equipo y trabajaba bien con los otros, en lugar de ser una persona que tratara de imponerse".

Después de las tres semanas, se formaron grupos nuevos, que durante otras tres semanas se dedicaron a realizar una investigación marina. Kate se subió en el camión junto con los demás para hacer la travesía de siete horas hacia Tortel, antes de tomar un barco hacia un pequeño archipiélago. Esta vez llevaron barcos inflables rígidos y durante varios días de recorrido cubrieron la mayor parte de la costa, acamparon en la playa y trabajaron con científicos para conducir estudios relacionados con animales marinos. Kate ayudó a recopilar datos sobre diferentes organismos y seres marinos para el proyecto ambientalista.

En la parte final del viaje Kate se trasladó a tierra firme y trabajó otras tres semanas en un proyecto comunitario; en su caso ayudó a construir una estación de bomberos. Era en un área remota, con solo 200 personas que vivían cerca, una escuela y una tienda. En esta ocasión se quedó en un gran edificio comunitario con todos los demás voluntarios, que dormían en un cuarto inmenso en sus bolsas para dormir. Les daban dinero para gastar en comida fresca y comprar carne al granjero de la localidad. En las tardes jugaban cartas u otros juegos. A Kate le gustó en especial un viaje corto que hizo: "Establecimos una relación con la escuela local", recuerda Martin Sutherland; "animamos a los voluntarios a ir ahí con algún integrante de nuestro personal que fungiera como traductor, para que pudieran conocer a los chicos y a los maestros, y sé que a Kate eso definitivamente le encantó. No a todo el mundo le agrada, pero yo recuerdo que le fascinó interactuar con la gente local y los niños".

Rachel Humphrey, una de las líderes del grupo en este viaje, comentó: "Kate tenía cierta presencia notoria. Era muy atractiva, era una chica muy popular. Era particularmente popular con los chicos, y era una excelente integrante de la expedición. Pero siempre se controlaba y se portaba de manera impecable."

Tras el trabajo duro en Chile, Kate regresó a su casa para el verano, y dedicó la parte final de su año sabático a trabajar en el entorno ligeramente más refinado de las regatas corporativas que partían de la costa sur de Inglaterra. Había conseguido un trabajo como miembro de la tripulación para apoyar en la carrera de yates conocida como Reto Global BT, en el estrecho de Solent. Era un trabajo físicamente demandante, que representaba esforzarse durante días largos y atender a los huéspedes. Su día empezaba desde temprano. Tenía que limpiar el yate que le habían asignado, subir en él la comida, servirla y ofrecer café y desayuno a los huéspedes. Luego, tenía que explicarles los procedimientos de seguridad y ayudarles a elevar las velas, para que sintieran que estaban involucrados en el proceso de navegar. Además, tenía que asegurarse de mantener las copas llenas. Uno de los requisitos del empleo era que la tripulación necesitaba tener buenas habilidades sociales; Kate tenía que charlar con los huéspedes, hacer que se sintieran cómodos y dominar el arte de hacer la plática. Ese talento le resultó útil después, en su vida en medio de la realeza. Ahora debe interactuar con multitudes en las salidas públicas y acudir a eventos oficiales con personas que acaba de conocer; crear una conexión instantánea y dar a entender que se pueden acercar a ella.

Al final de cada día en los yates, ella se encargaba de bajar las velas y limpiar los bancos. Era un día largo y la tripulación de jóvenes tenía que estar de pie casi todo el tiempo, tenía que estar lista para lo que fuera y ser útil. Pero valía la pena –a Kate le gustaba este estilo de vida y le gustaba estar en el agua todo el día. En las noches, los trabajadores frecuentemente se iban al bar de tapas Los Marinos y, al terminar la velada, caían dormidos en sus cabinas a bordo del barco. Se hizo amiga de un chico local, Ian Henry, que trabajaba en otro barco, y cuando los Middleton se fueron en familia a Barbados en agosto, antes de que Kate se fuera a la universidad, Ian fue con ellos.

Conforme empezaron a desaparecer los bronceados del verano, Kate hizo una larga travesía de Berkshire hasta St. Andrews, en la costa oeste de Escocia. Estaba dejando atrás a Ian e iniciando una nueva vida. El pequeño pueblo medieval está ubicado en Fife, 50 millas al norte de Edimburgo. Está lleno de edificios de piedras grises, que desde la costa con mucho viento parecen tener vida y acurrucarse para mantenerse calientitos. En tiempos de clases, los estudiantes representan un tercio de la población; cuando no hay clases, se evaporan: regresan a sus hogares con sus familias. La playa, West Sands, que se volvió famosa por la escena de la carrera de la película *Carros de fuego*, está al lado –vasta y aparentemente interminable, tiene sobre sí misma una gran extensión de cielo, y el viento frío la ataca desde el Mar del Norte. La universidad es considerada como una de las mejores en el país. Ahí estudió la autora Fay Weldon y el ciclista olímpico Sir Chris Hoy. Fue la primera universidad de Escocia, y la tercera más antigua en el mundo de habla inglesa, pues se fundó en 1413. Ha cobrado fama por su escuela de historia del arte. Las solicitudes para todos los cursos aumentaron en un 44 por ciento cuando se anunció que el Príncipe Guillermo pensaba estudiar ahí, pero para esas fechas Kate ya había aceptado su oferta.

Kate entró a la Universidad el 23 de septiembre de 2001, junto con la mayoría de los demás nuevos estudiantes, pero el-príncipe no estuvo por ahí en las primeras semanas. Se había tomado la decisión de que Guillermo faltara la semana de los novatos, que por tradición ha sido una época en la que los nue-vos alumnos se enamoran, cortan, van a bares y se acuestan con personas. Se hizo, también, un acuerdo entre la prensa y la oficina de su padre en Clarence House: el príncipe podría ir a la escuela sin ser perseguido o molestado, si a cambio daba entrevistas y posaba para fotografías en momentos clave. Pero por ahora, en las semanas iniciales, se mantuvo lejos. Para él, debe haber sido difícil saber que los demás ya estaban empezando su vida uni-versitaria y haciendo amistades. Para cuando él llegó, ya se ha-brían formado alianzas y los demás ya se habían acostumbrado al nuevo ambiente. Por supuesto, tras su experiencia al dejar Downe House y entrar tarde a Marlborough, seguramente Kate hubiera entendido cómo se sentía.

Cuando Kate llegó, empezó a arreglar todo para sentirse como en casa. Había tenido la suerte de conseguir un cuarto en la vivienda St. Salvator, que muchos consideraban la mejor. Estaba justo en el centro el pueblo, pero al final de la calle y convenientemente cerca a los salones de historia del arte. Este lugar fue su casa durante el siguiente año. Sus padres habían pagado 2 mil libras por un año de renta. El edificio era majestuoso y estaba construido de arenisca gris. Tenía un espacio con pasto repleto de árboles y flores justo frente a su dormitorio. Adentro, los pasillos eran de techos altos y llenos de luz. Había una escalera de caracol que conducía al primer, segundo y tercer piso, en donde estaban las recámaras que tenían baños compartidos y una cocina comunitaria. A la derecha de la entrada estaba la sala comunitaria, con paredes de roble, un poco parecida a un club de caballeros. Tenía ventanales que llegaban de piso a techo, un piano, una chimenea y sillones tapizados colocados alrededor de las mesas. También había repisas para periódicos. Las fotografías de antiguos estudiantes estaban colgadas de las paredes. El comedor, al otro lado, estaba decorado con pinturas al óleo de la época de la iluminación escocesa y con vitrales a color. En la sala de computación los alumnos recibían su correo; tenían que usar la llave de su cuarto para entrar. En la planta baja también estaba la lavandería y un cuarto de juegos, que incluía un juego de dardos y una mesa de ping-pong. Cada zona de la residencia estaba vigilada por un guardián, que también era el principal punto de contacto para el estudiante si necesitaba algo relacionado con su vivienda. Un portero se encargaba de la seguridad y personas encargadas de limpiar; los alumnos los conocían por su nombre y, con frecuencia, charlaban con ellos.

Algunas residencias tenían cuartos más pequeños, o literas, o edificios menos atractivos, pero St. Salvator, o "Sallies", como le decían, tenía de todo; además muchos de sus cuartos tenían vista al Mar del Norte. Todas sus habitaciones eran peculiares; de diferentes formas y colores, pero estaban amuebladas de la misma manera. Estaban pintadas de color crema y tenían un tapete con algunos toques de color vino. Kate estaba en un cuarto compartido, donde había un par de camas sencillas, un armario doble color caoba con un espejo de cuerpo entero, un lavabo, un librero y dos escritorios. Estar tan cerca de una completa extraña puede ser un poco incómodo. A Kate le benefició ser muy segura de sí misma, amigable y con buenos modales. También ayudó que su compañera de cuarto, Sara Bates, fuera una niña callada y dulce. Su habitación estaba en el primer piso del edificio de cuatro pisos y las chicas lo mantenían ordenado y organizado. Había un gran tablero de avisos en la pared sobre el escritorio de Kate. Durante las siguientes semanas y meses lo llenó con fotografías de sus amigos.

Kate aprovechó bien la semana de los novatos, y acudió a eventos a los que no sólo fueron los chicos de nuevo ingreso; sino que también acuden los estudiantes de los demás grados pues son muy divertidos y están muy bien organizados. Es un momento importante para los nuevos estudiantes debido a una tradición muy específica de St. Andrews. Después de que termina la época de socializar, los novatos decidirán quiénes quieren que sean sus "padres" mientras se están acostumbrando la universidad, y por lo general eligen a su "mamá" y "papá" en esta época. A lo largo de los años, acumularán "hermanos", "hermanas", "tías", "tíos" y hasta "abuelos". Luego, en el "Fin de Semana de la Pasa", en noviembre, tras algunos días de festejar, el alumno visita a su "papá" una noche de domingo para beber, y va con su "mamá" la mañana del lunes, y ella la disfraza para una pelea de espuma en el área principal, junto a Sallies. La tradición empezó cuando los "padres" comenzaron a darles a sus "niños" un recibo que indicaba que los cuidarían, y los "niños" mostraban su agradecimiento al regalarles pasas. A lo largo del tiempo, el recibo se ha cambiado por artículos más cómicos como huevos fritos o jalea, que son difíciles de mantener en la mano durante una pelea de espuma, y las pasas se han reemplazado por una botella de vino. Cuando Kate visitó a su "mamá" el lunes por la mañana, salió peinada con colitas y con labial rojo en las mejillas, antes de ser cubierta por espuma por sus compañeros novatos. Guillermo se perdió la semana de los novatos y también se perdió el Fin de Semana de la Pasa.

Poco antes de su llegada, el guardia del pasillo les explicó a los residentes de Sallies que Guillermo iba a unirse a ellos. Esto significaba que Kate no solamente iba a seguir el mismo camino que el príncipe, sino que también iban a vivir en el mismo edificio. Poco después, Guillermo llegó con su padre, el Príncipe de Gales, y con un mínimo de dificultades pudo mudarse a su cuarto del segundo piso. No iba a compartirlo con nadie y tenía un baño especialmente reforzado que podía usarse como búnker en caso de haber señales de peligro, pero fuera de eso era como cualquier otro estudiante… más o menos.

Guillermo Arturo Felipe Luis Windsor nació el 21 de junio de 1982. Sus padres, el Príncipe y la Princesa de Gales, habían estado casados desde hacía un año. Cuando nació, la familia real gozaba de gran popularidad ante los ojos del público. La Reina era amada y respetada. Su jubileo de plata se había celebrado años antes incluyó a multitudes de personas que querían comprar recuerdos y organizar festejos en la calle. Justo tras el jubileo se dio el intempestivo romance del Príncipe Carlos y su enamorada de 19 años, Lady Diana Spencer. Con sólo pestañear, atrapó al país, que quedó fascinado ante una futura princesa que todavía se ruborizaba. Carlos y Diana estuvieron saliendo sólo seis meses y estuvieron comprometidos cinco antes de casarse. Cuando regresaron de su luna de miel en Balmoral, Diana estaba embarazada. Esto significa el tiempo que pasó desde su primera cita hasta el nacimiento de su primer hijo fue de 23 meses, y Diana apenas tenía 21 años.

Dos años más tarde, a Guillermo se le unió su hermano menor Enrique, pero para esa época la relación entre sus padres estaba tan dañada que no podía repararse. Carlos y Diana no compartían las mismas expectativas con respecto a su matrimonio. Mientras que Carlos era de la vieja escuela de la familia real y ponía el deber antes que las emociones, además de que todavía tenía sentimientos por su ex novia Camila Parker Bowles, Diana era muy emotiva, no tenía experiencia y carecía de entrenamiento respecto a cómo hacer frente a la vida en la corte real. Como se acostumbraba en la familia real, a Carlos le habían enseñado a guiarse por la cabeza; Diana se guiaba por su corazón. Esto no significa que Carlos estuviera equivocado, sólo eran personas muy distintas: simplemente no eran buena pareja. Durante la niñez de Guillermo, ambos padres se esforzaron en lograr que estuviera lo más feliz y satisfecho posible. A pesar de que sus padres cada vez estaban más separados, tenía una relación estrecha con ambos y con su hermano, Enrique.

Guillermo se convirtió en un adolescente tímido y trató de protegerse de los fotógrafos al ocultarse tras un fleco largo. No se sentía enteramente cómodo en público. Cuando creció, vio cómo su madre era perseguida por los paparazzi; cómo la rodeaban y cómo esto evitaba que se manejara con seguridad y le afectaba su estado de ánimo. De pronto, las cosas llegaban al nivel físico: hubo enfrentamientos entre oficiales de protección y fotógrafos. Cuando Diana falleció en un accidente automovilístico, cuando él apenas tenía 15 años, no sólo perdió a su amada mamá, quien también era como una amiga, sino que adquirió un fuerte odio hacia los paparazzi.

Para que lograra estudiar con éxito, había hecho un trato para que la prensa lo dejara estudiar en paz. Al llegar a la Universidad de St. Andrews, Guillermo lucía alto, atlético, bronceado y rubio. Usaba jeans y un suéter azul marino con una playera azul claro debajo.

Kate, por su parte, era alta, atlética y con cabello oscuro. A muchos chicos ya les interesaba. Para los "fines de la semana de novatos" ya era conocida como la chica más bonita de Sallies. Su nueva amiga, Laura Warshauer, que ahora es una artista musical conocida como "Gigi Rowe", vivía en el pasillo más cercano al cuarto de Guillermo y estudiaba historia del arte con los dos. Recuerda la primera vez que conoció a Kate: "Estaba sentada en la sala común y tenía puesto un suéter azul y una camisa blanca". Recuerda Laura que: "su cabello era largo y rizado, y estaba sentada muy derecha. Incluso desde antes de conocerla me impactó su presencia. Tenía esa capacidad de hacerte decir *wow*." Parece ser que más adelante, cuando Kate se estaba preparando para una vida ante la mirada del público, no necesitó mucho entrenamiento dado que, como indica Laura: "irradia calidez. Tiene una manera de hacer que la gente se sienta relajada y cómoda."

El campus era pequeño y, dado que Kate y Guillermo tomaban el mismo curso y vivían en el mismo edificio, no pasó mucho tiempo antes de que se conocieran por primera vez. Más tarde, cuando los entrevistó Tom Bradby con motivo de su compromiso, Kate recordó: "me puse muy roja y me escabullí, me sentí muy cohibida." Por su parte, Guillermo reveló: "La primera vez que conocí a Kate supe que era muy especial. Supe que había algo en ella que yo quería explorar, pero acabamos siendo amigos durante un tiempo."

Los dos se siguieron encontrando. Era obvio que se agradaron desde el principio. Bromeaban, coqueteaban y también hablaban sobre cosas que tenían en común. Al ver un partido de rugby, a Guillermo le quedó claro que Kate sabía de lo que hablaba y que auténticamente disfrutaba este deporte. También platicaron de los años sabáticos que pasaron en Chile y de los proyectos de monitoreo marino –Kate lo había hecho en Chile, y Guillermo en la Isla de Rodrigues, en el Océano Índico. También habían viajado en veleros: Kate ese verano en Solent y Guillermo, de más joven, en África.

"Tenían una manera natural muy divertida de platicar desde el principio" recuerda Laura: "bromeaban, les brillaban los ojos –lo interesante era la forma en la que hablaban."

Además de tener esa química tan evidente, se apoyaron mutuamente desde los primeros días de su amistad. Un día fueron a comer pescado con papas y a Kate se le olvidó su cartera y Guillermo fue y se la trajo. Otro día, hacía calor en el salón y Laura recuerda que "Kate llegó con dos botellas de agua, una para ella y otra para Guillermo".

Aunque las cosas iban bien, apenas tenían 19 años, y sus mentes y sus hormonas estaban alborotadas. Guillermo había estado en una relación con Arabella Musgrave antes de mudarse a St. Andrews. Se habían conocido años antes, pero hecho pareja en el verano, en una fiesta, y habían pasado juntos todo el tiempo posible antes de que él se fuera. Decidieron que lo mejor era terminar antes de que el entrara a la universidad, pero él seguía pensando en ella. También había empezado a salir con otra compañera de escuela, Carly Massy-Birch, que iba en su segundo año y con quien se llevó bien sin dificultad. Iban juntos a cenas y disfrutaban leer juntos el periódico los domingos por la mañana.

Por su parte, Kate había conocido a un estudiante de cuarto año, Rupert Finch, en uno de los bailes organizados para los de nuevo ingreso. Habían empezado a salir. Era alto, de cabello oscuro, guapo, deportista y rico. Las demás estudiantes lo consideraban un excelente partido "Kate y Rupert eran una pareja envidiable", recuerda su amigo de la universidad, Michael Choong: "todo el mundo quería salir con Kate, y Rupert era todo un personaje que tenía muchas admiradoras. La gente consideraba que eran dos de las personas más codiciadas en la ciudad. Ella no salía con nadie más."

Rupert y sus compañeros de dormitorio hacían fiestas con champaña gasificada; y, a pesar de que la relación de Kate y Rupert no era tan formal como la de Guillermo y Carly, tanto Kate como Guillermo ambos estaban igualmente ocupados con sus relaciones.

Por otro lado, estaba la situación de que tenían que adaptarse a la rutina de estudio. La mayoría de sus clases y conferencias se daban a pocos pasos, mientras que sus tutores estaban en el área de historia del arte, también muy cerca.

El pueblo era el entorno perfecto para estudiantes jóvenes que vivían por su cuenta por primera vez. Era tan pequeño que podían caminar a todos lados. Todos se conocían y se respiraba una atmósfera de seguridad. Desde sus cuartos podían oír el rugido del mar por la noche y, durante el día, el sonido de las gaviotas. A veces caminaban por la playa con dunas de pasto, arena y bardas de madera blanqueadas por el sol y el agua. Por la noche, visitaban el bar Westport, que era relajado y contemporáneo, con piso de madera, comida barata y sabrosa, y con una pista para bailar de buen tamaño. Nadie se esforzaba en arreglarse y las noches siempre eran con ropa informal. Los viernes iban a Bop, una noche de baile organizada por la agrupación estudiantil.

Durante su primer año, tanto Kate como Guillermo fueron a una "mesa alta". La ocasión consistía en que un elegido grupo de estudiantes acudía a una cena formal con personal universitario y algún destacado miembro de la comunidad. Se vestían formal, con batas color escarlata. El guardia recitaba una oración de agradecimiento en latín. La escuela les daba desayuno, comida y cena cada día, pero los fines de semana los alumnos tenían que alimentarse por su cuenta. Iban a la ciudad a cenar, pedían comida para llevar o cocinaban juntos. Hubo varias noches en Sallies en las que todos se juntaron a comer platos de lasaña hecha en casa y tomar vino tinto servido en vasos desechables de plástico y comprados en Woolworths.

A pesar de la cálida amistad y la camaradería que existía entre Guillermo y Kate, hubo un par de situaciones que hicieron que se comentara que podría haber algo más entre ellos. En octubre, hubo una fiesta en la cercana calle Hope y una asistente estaba coqueteando abiertamente con Guillermo. Él platicó con ella un rato, pero cuando se sintió incómodo y vio a Kate pasar frente a ellos, la abrazó para poder decirle a la chica "Lo siento, tengo novia" antes de decirle a Kate en voz baja "Gracias".

Laura Warshauer confirmó esto y recuerda: "¡Esto fue en octubre! ¡La escuela empezó en septiembre! Me acuerdo que pensé que nadie más podría haberlo hecho así, tan natural. Se cuidaban el uno al otro." Laura también estuvo ahí el siguiente mes, en una fiesta de cumpleaños temática lujosa inspirada en Harry Potter. Se celebró en el Castillo Wemyss, que estaba muy cerca. Todos tenían que disfrazarse, traer una botella y una bolsa para dormir. Hubo una subasta de beneficencia y Guillermo pagó 200 libras para salir con Kate, y luego bailaron juntos. Al día siguiente, Laura dice que Guillermo, una vez más, hizo algo por Kate: "Tuvimos un descanso en primavera. Yo iba a ver a mi hermana en París y Kate se iba a ir a su casa, así que pensábamos compartir un taxi al aeropuerto, pero Guillermo ofreció llevar a Kate al aeropuerto, y yo me les uní."

Al crecer, Guillermo dio cuenta de que a mucha gente le interesaba conocerlo por ser quien era. Había desarrollado una gran facilidad para detectar quiénes tenían intenciones superficiales.

En estas fechas, había chicas que se le estaban declarando, que lo esperaban afuera de sus habitaciones o que se encargaban de acercarse cuando él salía en las noches. Kate le pareció distinta porque era distinguida y segura de sí misma, pero no era el centro de atención; era una persona callada y con confianza en sí misma. Además, en realidad tenían cosas en común y compartían el sentido del humor. Él más adelante dijo: "Pasamos mucho tiempo juntos, nos reíamos, nos divertíamos, nos dábamos cuenta de que compartíamos los mismos intereses y nos la pasábamos muy bien. Ella tiene un sentido del humor muy travieso, lo que me ayuda porque yo tengo un sentido del humor muy travieso."

El siempre tomaba su desayuno con un pequeño grupo de amigos. Pronto, Kate fue una de estas personas. A veces iban a correr o nadar al hotel Old Course. Guillermo tenía mucha cercanía con sus amigos, incluyendo a quienes habían estado con él en Eton, como Fergus Boyd y Alasdair Courts-Wood, y nuevas amistades como Oli Baker, Olli Chadwick-Healey, Graham Booth y Charlie Nelson. De manera colectiva los conocían como "los chicos de Sallies". Kate se integró a ellos sin problema. Cuando hubo una celebración de cumpleaños en diciembre, la tarjeta estaba firmada "de parte de Guillermo, Charlie, Oli y, por último, Kate". Ella también había hecho amistad cercana con Lady Virginia "Ginny Fraser", a la que conocía desde Downe House, con Olivia Bleasdale y Bryony Daniels, que eran otras amigas de Guillermo.

Conforme las noches se extendieron y los días se empezaron a volver más cortos y oscuros, Guillermo empezó a sentir algo que luego describió como "duda". Se sentía a salvo y protegido por su círculo cercano de amigos en St. Andrews, pero estaba aislado. Estaba acostumbrado al espacio abierto de la casa de campo de su padre en Highgrove, en Gloucestershire, y a las luces brillantes y el glamour de Londres. A diferencia de las universidades inglesas, en donde los cursos habitualmente duran tres años, en las universidades escocesas duran cuatro. Le desanimaba imaginarlo. Sentía que estaba tomando el curso equivocado. Con frecuencia se escapaba el fin de semana para ver a su familia en Balmoral, visitar amigos de otras universidades y viajar al sur a ver a sus parientes. Después de cortar con Carly, se reunía con su ex, Arabella. Kate se sentía cómoda y feliz en St. Andrews, pero su nuevo amigo tenía dudas al respecto.

CAPÍTULO CINCO
ENAMORADA

Durante las vacaciones de Navidad, Kate y Guillermo se mantuvieron en contacto. Él no estaba contento, pero no se veía bien dejar la universidad después del primer período, e incluso si lo hiciera ¿qué pasaría entonces? Habló con su familia y con la universidad respecto a sus opciones. También habló con la chica en la que confiaba y cuya opinión respetaba. Kate le ayudó a decidir que la mejor opción sería quedarse como estaba, pero cambiarse de curso al final del primer año. Cuando regresaron a St. Andrews en enero, los dos amigos continuaron como si nunca se hubieran separado. A los dos les gustaba mantenerse activos y estar al aire libre –Kate jugaba hockey y Guillermo practicaba *surf* y *rugby*, además les gustaba nadar y jugar tenis juntos. También tenían una activa vida social. Cuando llegó el desfile de moda estudiantil anual, que era una manera divertida de recaudar dinero para obras de caridad, Kate estuvo de acuerdo en participar.

Su vestido debía usarse como si fuera una falda que llegaba a la pantorrilla. Era una prenda vaporosa, con un fondo rematado con listón azul, que si se usaba como vestido, llegaba a medio muslo. Kate no había actuado mientras estuvo en esa escuela, pero la dulce chica siguió los pasos de su icono de la adolescencia, Kate Moss, y se animó a desfilar en el evento de moda para beneficiar a los necesitados. Se celebraría en el área de la agrupación estudiantil. Cuando la gente creyó que la conocía, apareció con un vestido transparente y ropa interior negra, una mirada gélida y los labios acomodados como los de una modelo de alto nivel. Si Kate y Guillermo hubieran estado en una película, éste sería el momento en el que la heroína aparece hasta arriba, en el primer escalón de las escaleras, con un vestido de noche, mientras baja lentamente y el hombre la mira con nuevos ojos. En este caso, Guillermo había pagado 200 libras por un asiento en primera fila y le susurró a su amigo: "Wow, ¡Kate es sexy!"

Michael Choong recuerda: "Yo no esperaba que Kate se pusiera algo de ese estilo, para nada iba con su forma de ser." Fue uno de los grandes eventos del año; se sirvió champaña y estuvo amenizado con música house. "No se veía como algo realizado por principiantes", dijo Michael. "Fue algo muy profesional, con patrocinadores y un asombroso show de luces."

Con la cabellera adornada con listones, Kate también desfiló con un atuendo negro ceñido, con un suéter esponjoso llamativo y, una vez más, casi desnuda junto con su amigo Fergus. Mientras que él traía el torso al aire, pues sólo llevaba pantalones, Kate salió con un sostén blanco sin tirantes y una falda negra ligeramente bajada a la altura de la cadera para mostrar los calzones blancos a juego. Luego hubo una fiesta, y mientras todos bebían y bailaban, Guillermo, emocionado, se acercó para besar a Kate. Ella estaba consciente de que estaban en un lugar público y se hizo para atrás. Todavía no era el momento.

Su amistad se siguió fortaleciendo. Decidieron que al comenzar el segundo año se mudarían juntos, junto con sus amigos Fergus y Olivia. Para estas alturas, Kate había cortado con Rupert, lo que significaba que tanto ella como Guillermo estaban solteros. La celebración de fin de semestre fue un evento más alocado que de costumbre. Kate se portó menos refinada que de costumbre. En los dormitorios hicieron una ceremonia de premiación divertida sin validez oficial al final del año, en la que había muchas categorías graciosas –Oli y Fergus ganaron por "mejor pareja" porque nunca estaban separados, mientras que Kate ganó por ser la chica más guapa del dormitorio. Había sido un año increíble para ella; había pasado de ser una niña que se ponía roja y se iba corriendo cuando veía un príncipe, a ser una reina de las pasarelas vestida en ropa interior. Había hecho nuevos amigos y se había formado un hogar en ese pequeño rincón de Escocia. Todavía le quedaban otros tres años. Ese verano, la chica más bonita de Sallies trabajó en la regata Henley, sirvió champaña conseguida del bar Snatch y cobró 5.25 libras por hora.

En septiembre de 2002, cuando todos regresaron a St. Andrews, Kate, Guillermo, Fergus y Olivia se mudaron a la calle Hope número 13, a la vuelta de donde vivieron el primer año. Tras un año de amistad, Kate ya estaba acostumbrada a los oficiales de protección de Guillermo, que siempre estaban cerca de él pero se mantenían a una distancia discreta. Sin embargo, ésta fue la primera vez que se enfrentó con las cosas que habían sido una realidad en la vida de Guillermo desde que nació, y que cada vez estarían más presentes en el futuro de ella. El nuevo hogar fue reforzado con ventanas a prueba de balas, una puerta principal a prueba de bombas y un sistema de seguridad láser de vanguardia. Además, sus oficiales de protección se mudaron cerca. Por 100 libras a la semana cada uno, los cuatro compañeros de casa rentaron los dos pisos superiores y compartieron las tareas de limpieza.

La calle Hope se compone de dos filas ordenadas de grandes casas georgianas. Estaba repleta de propiedades de otros estudiantes. Todos los departamentos eran similares y no eran especialmente lujosos por dentro, pero la calle Hope era el área más solicitada por los estudiantes. En el número 13 había enormes recámaras con grandes ventanas que permitían la entrada de mucha luz, una pequeña cocina y una sala-comedor, además de un jardín privado. Guillermo sacó los botes de basura y les dejó en Navidad una propina a los encargados de llevárselos, pero solo Kate resultó ser lo suficientemente organizada como para anotarse en el registro electoral mientras vivieron ahí. Trataron de implementar un sistema de turnos para limpiar, pero pronto eso fue un caos.

Tras su "duda" del primer año y su decisión de pasar de historia del arte a geografía, Guillermo estaba mucho más contento y disfrutaba sus estudios.

Junto con sus otros amigos, los compañeros de casa disfrutaron salir de noche por la ciudad. Algunos de sus lugares favoritos eran el bar Ma Bells en el sótano del hotel Golf. Este lugar no es solamente para estudiantes; arriba es más elegante y tradicional, con una barra que servía cocteles y con alfombras a cuadros. Ahí servían teriyaki de salmón, el cual, Kate aseguraba, era el mejor remedio para la cruda.

Abajo el ambiente es más relajado, con piso de madera, sillones de piel y un surtido básico de bebidas. Kate y sus amigos a veces tomaban algunas copas de las jarras del coctel de la casa. El Gin House (hoy conocido como The Rule) estaba poco iluminado, parecía una caverna; ideal para divertirse en grupo. El lugar resultaba económico y alegre, con pisos de madera y un balcón. Los amigos también frecuentaban el restaurante de alta cocina Dolls House, con decoración artísticamente ecléctica, que pertenecía a la presentadora de televisión Carol Smillie. Este lugar tampoco era sólo para estudiantes, aunque había bastantes horas felices y noches ruidosas para jóvenes. A Kate, a Guillermo y a sus amigos les gustaban por igual los lugares relajados y los más sofisticados. Aunque también iban a fiestas en los departamentos de otras personas. Sin embargo, si Guillermo iba, el anfitrión recibía una llamada de su equipo de protección para realizar una revisión de seguridad antes de que llegara. Cuando salían, a Kate le gustaba tomar ginebra con tonic o una copa de vino, mientras que Guillermo prefería Jack Daniel's con Coca-Cola, o sidra.

Kate y Guillermo también pasaban mucho tiempo juntos en casa. Hubo noches tranquila en las que escucharon música y cocinaron. Entre sus platillos estaban los que llevaban curry y pasta –o veían películas mientras comían comida para llevar de Balaka, un restaurante de curry, o pescado con papas de Anstruther Fish Bar.

La relación creció y se profundizó hasta que llegó más allá de ver películas en el sofá. Recientemente, Guillermo y su familia habían atravesado una época difícil, pues la princesa Margarita había fallecido en febrero de 2002. Aunque él tuvo la suerte de estar rodeado por muchos miembros cercanos de su familia, Margarita fue la única hermana de la Reina y su muerte los afectó a todos, además de que ella también había sido la vecina de Guillermo cuando él creció en el Palacio de Kensington. Su bisabuela, la Reina Madre, murió menos de dos meses después. La última vez que Guillermo la vio fue en el funeral de la Princesa Margarita. Fue un golpe doble que lanzó una sombra sobre el Año del Jubileo de Oro de la Reina.

Además, dos meses después de que Kate y Guillermo se mudaron juntos, Guillermo también tuvo que hacer frente a los efectos del juicio de Paul Burrell, que fue cubierto por todos los periódicos. Un antiguo mayordomo de Diana había sido acusado de robar varios millones de libras en objetos de ella y su familia. Los Spencer estaban tomando acción legal contra él. Burrell antes había estado al servicio de la Reina, y tras la muerte de Diana había solicitado una junta con ella, en la cual le dijo que se iba llevar algunos papeles para mantenerlos a salvo. Cuando se dio el juicio, la Reina le mencionó esto el Príncipe Carlos, y él a su secretario particular. El juicio se colapsó dramáticamente el 1 de noviembre. Fue otra historia que Guillermo asociaría con un motivo de dolor adicional a la muerte de su madre.

Y luego en diciembre, el mejor amigo de Guillermo, Thomas van Straubenzee, perdió a su hermano menor de 18 años, Henry, en un accidente automovilístico. La vida real había penetrado la burbuja estudiantil de Guillermo, y Kate lo apoyó durante todo este tiempo. Kate había tenido la fortuna de tener una familia unida que la rodeaba mientras creció, y se convirtió en una presencia que le dio estabilidad al príncipe en esta dura etapa personal. Es así como se sembraron las semillas de su relación –con años luz de diferencia con las ceremonias y la formalidad que generalmente se asocian a una pareja real, un millón de millas lejos de lo que se acostumbraba. Eran sólo un chico y una chica, escondidos en una casita estudiantil que se veía exactamente igual a la de sus vecinos, en una esquina remota de Escocia. Estaban determinando con paciencia si su amistad podría convertirse en algo más.

En noviembre de 2002, Guillermo llevó un grupo de 16 amigos a disparar en los terrenos de la propiedad de su abuela en Sandringham. Los amigos se quedaron en Wood Farm, que es una propiedad más pequeña, separada de la impresionante casa principal; aunque tenía cinco recámaras, la prensa se cuestionaba cómo pensaban dormir. Seguramente algunos compartirían cuartos, ¿pero quiénes? Fue la primera vez que Kate y Guillermo fueron fotografiados juntos, pero como la imagen fue tomada en propiedad privada no pudo ser utilizada en publicaciones británicas. A Guillermo lo fotografiaban con distintas amigas todo el tiempo, y no había indicación de que él y Kate fueran algo más que amigos.

Además de juntarse con los chicos de Sallies, Kate tenía sus propias amigas, incluyendo a Bryony Gordon, Ginny Fraser, Leonora Gummer y Sandrine Janet, una estudiante francesa que estaba saliendo con Fergus, el compañero de departamento de Kate. Su hermana Pippa la visitaba y la acompañaba a bailes que organizaban los clubes de golf o de rugby. Kate también dedicaba mucho tiempo a ver rugby con sus amigas. Michael Choong recuerda lo poco que ella se quejaba: "Hubo una vez que ella estaba viendo el juego y tenía frío, y uno de los chicos le ofreció su ropa a prueba de agua de rugby. Ella no dudó en ponerse la ropa de este chico sudoroso. Me pareció encantador. Guillermo estaba también con su ropa sucia. Así eran ellos en esa época, simplemente dos estudiantes típicos."

La primera vez que fueron fotografiados juntos en público fue en un juego de rugby que ambos estaban viendo en mayo de 2003, y esto dio lugar a la especulación de que había algo entre ellos. Cuando la prensa se acercó a Michael, el padre de Kate, el dijo: "De manera categórica puedo confirmar que no son más que buenos amigos. Hay dos chicos y dos chicas que comparten un departamento en la universidad. Están juntos todo el tiempo porque son mejores amigos, y sí, los fotógrafos van a conseguir imágenes de ellos juntos. Pero no es más que eso. Nos divierte pensar en ser parientes políticos del Príncipe Guillermo, pero no creo que eso suceda."

Kate y Guillermo lentamente empezaban a juntarse más, pero la verdad es que todavía no estaban seguros de qué querían que ocurriera entre ellos. Muchas amistades, durante la universidad, entran cautelosamente en territorio desconocido y, a veces, simplemente no hay definición de su relación que las demás personas puedan entender. Por el hecho de que Guillermo era un noble, si es que se convirtieran en una verdadera pareja, Kate tendría que dar un gran paso; ambos querían asegurarse de qué era lo que tenían antes de compartírselo a los demás.

Conforme la relación empezó a crecer dentro del capullo del número 13 de la calle Hope, para el mundo exterior, todo seguía siendo igual. La pareja salía de la casa en horarios diferentes y no mostraba afecto en público. Por el acuerdo que la prensa había hecho cuando Guillermo apenas empezó a estudiar en St. Andrews, no había fotógrafos colgados en los árboles ni persiguiéndolo, así que la relación tuvo tiempo y espacio para desarrollarse sin presiones externas. En su entrevista con Tom Bradby con motivo del compromiso, Guillermo dijo: "Nos mudamos juntos como amigos… Y de ahí creció. Nos vimos más seguido, coincidimos más veces y las cosas se dieron."

En las fases iniciales de su romance, no socializaron mucho como pareja afuera de la casa. Guillermo a veces trataba de impresionar a Kate al cocinarle algún platillo elegante, pero lo echaba a perder y ella tenía que rescatar lo que se pudiera. Así que cuando organizaban cenas, se dividían las tareas. Los chicos compraban la comida y las chicas la preparaban. Guillermo siempre traía una botella de Jack Daniel's, y organizaban juegos de beber cómo "Yo jamás…", en el que la persona a la que le toque el turno tiene que completar la frase con algo que nunca ha hecho; la gente que sí haya hecho esto tiene que beber. En *Guillermo y Enrique*, la biografía escrita por Katie Nichols, ella indica que en una ocasión Carly, con quien Guillermo había salido el primer año, los acompañó a cenar. Dijo: "Yo jamás he salido con dos personas que estén en esta sala." Guillermo se enojó y bebió, pero a Kate le dio igual.

Vivir juntos y tener compañeros de casa era como un arco de acero que los envolvía y les facilitaba darse cuenta de quiénes eran lentamente y de manera relajada. En verano de 2003, ambos asistieron a la fiesta de 21 años del otro. Aunque Kate había cumplido 21 en enero, dejó pendiente las grandes celebraciones para un mejor momento. Cuando regresó a St. Andrews, después de Navidad, quiso celebrar en la casa de sus padres. A Kate y Guillermo les encantaban las fiestas de disfraces. A Kate, desde luego, toda la vida le habían gustado las celebraciones y su papá la solapaba, ya que, cada Navidad, buscaba un disfraz del inventario de Party Pieces y se lo ponía. Incluso en cierta ocasión se vistió de luchador de sumo. Tanto Kate como Guillermo eligieron hacer fiestas de disfraces. Kate pidió que la gente fuera con la moda elegante y dramática de los años 20. Para la recepción con champaña que se organizó en casa de sus padres, ella vistió con un espectacular vestido de la época. Guillermo se integró a la fiesta después de que los demás invitados llegaron. Poco después en ese mismo mes, llegó el turno de Guillermo para celebrar, aunque su fiesta se realizó en el Castillo de Windsor e incluyó a la Reina vestida como la Reina de Suazilandia, con un vestido blanco brillante y un tocado africano en la cabeza. Guillermo viajó por primera vez a África en 1998 con el Príncipe Enrique y unos amigos de la familia, los van Cutsem. Luego, regresó en su año libre. Su pasión por el país le hizo elegir "Fuera de Africa" como tema para su fiesta. Todo el lugar estaba decorado para parecer selva africana, con enormes elefantes de juguete en las esquinas, máscaras tribales en las paredes y una réplica muy realista de una cabeza de jirafa arriba de la barra. Una banda llamada "Shaka-rimba" llegó desde Botswana, y Guillermo se subió al escenario a tocar los tambores.

Al día siguiente los titulares hablaron principalmente de Aaron Barschak, un comediante agresivo que se coló al evento vestido como Osama bin Laden, y se trepó al escenario a la mitad del discurso de Guillermo y arrebató el micrófono antes de que se lo llevaran a rastras. También se mencionó que Jecca Craig, un antiguo amor suyo, se sentó a un lado de Guillermo. Era la hija del experto en conservación Ian Craig. Guillermo había estado relacionado con ella cuando se quedó con esa familia durante su año libre. Sin embargo, en una entrevista que dio a la Asociación de la Prensa para conmemorar su cumpleaños número 21, declaró que no tenía una "novia fija" y explicó: "Si me gusta una chica y realmente me agrada y yo también le gusto, lo cual es raro, la invito a salir. Pero, al mismo tiempo, no quiero ponerla en una situación incómoda porque mucha gente no acaba de entender lo que ocurre cuando me conoce. Además, ella no sabría la emoción que probablemente causaría el hecho de que fuera mi novia." Sabía que Kate y él necesitaban su tiempo.

Cuando se volvieron a unir en St. Andrews en septiembre de 2003, a principios de su tercer año, sus familias ya sabían que Guillermo y Kate estaban juntos y que ella ya había conocido al Príncipe Carlos. A la pareja le quedaba claro que tenían algo bueno, algo que podría durar. No solo se habían sentido atraídos debido a sus similitudes, sino que también se apoyaban. Kate había sido un apoyo para Guillermo cuando su bisabuela y el hermano de su mejor amigo fallecieron, y Guillermo apoyó a Kate cuando su primer abuelo –Ron, el padre de su mamá– pasó a mejor vida.

La pareja ya no vivía en la calle Hope, sino en una residencia más privada llamada Balgove House, que estaba en la propiedad Strathtyrum, que pertenecía a Henry Cheape, un amigo de la familia real. Fergus y Olivia decidieron quedarse en la calle Hope, así que durante los siguientes dos años, Kate y Guillermo vivieron con otros dos amigos cercanos, Oli Baker y Alasdair Coutts-Wood.

Era un arreglo distinto al que tenían en el antiguo departamento, pero también aquí había ventanas a prueba de balas, una puerta a prueba de bombas y un sistema de seguridad. Su nuevo hogar era una cabaña con cuatro recámaras localizada a un cuarto de milla del pueblo. Estaba oculto al final de un largo camino de grava bordeado con árboles frutales y colocado en medio de dos acres de un terreno silvestre. Adentro, había una pequeña sala con una chimenea a la derecha y una cocina-comedor grande con un piso a cuadros en blanco y negro hacia la izquierda. La cocina tenía una estufa Aga, y en el comedor había una gran mesa de caoba en la que cabían unas 20 personas, así como un cuadro al óleo, ya maltratado, de la Reina, y una bandera del Reino Unido en la pared. Guillermo instaló un enfriador para champaña, mientras que Kate decoró las ventanas con unas cortinas a cuadros rojos y blancos.

Los cuatro iban poco al pueblo y preferían invitar gente a su casa, Kate cocinaba el venado que Guillermo cazaba y bebían vino barato. Durante las fiestas, enfriaban la cerveza en la tina de porcelana, tras llenarla de hielo. La casa también era un refugio idílico lleno de placeres privados para disfrutar. Los terrenos estaban llenos de manzanos, amapolas silvestres y marañas de rododendros. Podían hacer picnic con una cobija y una botella fría de vino, o cocinar al aire libre en una fogata. Era secreto, romántico y relajado. Tanto Kate como Guillermo tuvieron actividades en la universidad. A veces, los fines de semana, recorrían 75 millas para llegar a la casa de la Reina en Balmoral, Escocia. No se quedaban en la casa grande, sino en una de las más pequeñas y acogedoras que había en la inmensa propiedad.

El Príncipe Alberto había comprado Balmoral para la Reina Victoria. Luego se había agregado más terreno, de manera que el castillo medieval de piedra gris ahora se ubica en medio de 50 mil acres de bosque. Una de las propiedades en las que se quedaron fue Birkhall, que pertenece el Príncipe Carlos. Él pasa, cada año, un poco de tiempo ahí. Antes era la residencia de la Reina Madre cuando ella iba a esta propiedad. Carlos gastó su propio dinero en renovarla desde que la tomó; sin embargo, se quedó con las viejas y adoradas cortinas a cuadros de la Reina Madre, algo que a la vez divertía y desagradaba a Camilla.

Luego, Kate y Guillermo se quedaron en Tam-na-Ghar, una cabaña de 120 años de antigüedad con tres recámaras, que la Reina permitió que Guillermo usara. En este momento, se le realizó a la propiedaduna renovación que costó 150 mil libras. También le dieron llaves al Príncipe Enrique, pero él la aprovechaba mucho menos, pues no vivía en Escocia. La pareja pudo usar la cabaña como un nidito romántico en medio de acres de terreno cubierto de brezo, donde podían disfrutar una chimenea, una botella de vino tinto y alimentos cocinados por ellos mismos. Disfrutaban al máximo las millas de terreno salvaje con arroyos y pinos caledonios. Se iban a buscar venados o a pescar salmones en el río Dee, que atraviesa el terreno, o hacían caminatas matutinas en medio de la bruma.

Debo mencionar que Kate ya sabía cómo manejar una pistola, pues había tomado clases en su escuela de tiro local de Berkshire. Ella y el resto de su familia habían recibido cursos en más de una ocasión, y sabían cómo dispararle a palomas de cerámica, además de que conocía el correcto manejo de las armas y los puntos de seguridad que hay que cuidar.

Otros fines de semana, visitaban las casas de las familias de sus amigos en la costa este de Escocia y en las zonas montañosas, o se iban a pequeñas casas dentro de la propiedad de Sandringham o a la zona escocesa para esquiar en Aviemore.

En una fiesta para celebrar el cumpleaños 21 de una amiga común, quedó claro que Kate todavía no estaba acostumbrada al papel público de Guillermo. La pareja asistió a una fiesta inspirada en el tema de *Lo que el viento se llevó*, que se celebró en un castillo, y era obvio que no se escatimó en gastos. Todos los invitados iban vestidos de etiqueta y la fiesta estaba decorada con pinturas gigantes que eran replicas al óleo, así como adornos dorados que iban de acuerdo al tema. "Guillermo estaba bailando con la mamá de la festejada y preguntando respecto a su abuela", recuerda Michael Choong, quien también asistió. "Ellas lo adoraban y él sabía qué decirles. Yo creo que todo el mundo, incluso Kate, notaba que ella no estaba formando parte de una relación normal. Guillermo tenía sus compromisos y otras prioridades, y cualquier pareja potencial tendría que acoplarse a ello."

En aquel momento, algunos que los conocían habían comentado que parecía que Kate estaba perdiendo su identidad.

Es natural, al inicio de una relación, perderse en la felicidad que trae, pasar mucho tiempo juntos y querer ser una parte importante de la vida del otro, pero a esto se sumaban las circunstancias específicas de Guillermo. Era inevitable que Kate tuviera que adaptarse a él más de lo que él tendría que adaptarse ella, así que necesitó hacer más. Se acercó más a los amigos de él, y a los amigos que hicieron juntos. En algunos sentidos, era como cualquier otra pareja de estudiantes universitarios, que estudiaban, socializaban y se enamoraban, pero lo que Guillermo y el resto de la familia real consideraban "normal" seguía sin ser normal en comparación con lo que otras personas hacían.

La situación de Guillermo hizo imposible que las cosas para Kate fueran como en las primeras dos décadas de su vida. Ella tuvo que ser flexible. Necesitaba tener cuidado con quién hablaba y lo que le decía. Sus acciones y su comportamiento podrían malinterpretarse y reportarse –y no estaba acostumbrada a eso. Fue un gran cambio para la chica fuerte, segura e inteligente y con tantos intereses propios que era. Apenas tenía 21 años y estaba atravesando un periodo de reajuste al enfrentar circunstancias extraordinarias.

Guillermo era más independiente en esta etapa; quería quedarse así un tiempo. Si el mundo está a tus pies, ¿querrías atarte a alguien para siempre desde los 21 años? Kate descubrió que la respuesta era *no*.

CAPÍTULO SEIS
NOTICIA DE PRIMERA PLANA

A pesar de estar en un campus lleno de estudiantes y con la prensa vigilando a la distancia, Kate y Guillermo pasaron un año juntos antes de que su relación fuera publicada. Todo cambió cuando juntos hicieron un viaje para esquiar al resort de lujo suizo de Klosters. En cierto momento, se dieron la mano mientras sostenían el palo de esquí de Kate. La pareja fue observada por el fotógrafo Jason Fraser, quien siete años antes había tomado la primera fotografía de Diana, la madre de Guillermo, con su nuevo novio Dodi Al Fayed, demostrando al público que tenían una relación.

Ésta fue la señal que la prensa había estado esperando. Al día siguiente, la fotografía se publicó en la portada del *Sun*, junto con el encabezado "Por fin… Guillermo se consigue una chica". La pareja voló al resort favorito de la familia real en abril de 2004 durante una vacación de primavera con el Príncipe Enrique, los amigos de ambos príncipes Thomas van Straubenzee, Guy Pelly y Tiggy Pettifer, una antigua nana de los príncipes que ahora era su amiga. El hecho de que Kate y Guillermo estuvieran ahí, no con amigos de St. Andrews, sino con el hermano de Guillermo y algunos de sus amigos más íntimos, reflejaba lo formal que se había vuelto la pareja y la seriedad de sus intenciones. Para el fotógrafo, el fondo romántico y nevado fue otro punto a favor.

Este resort de esquí ha sido el favorito del Príncipe Carlos por décadas. Incluso uno de los componentes del teleférico se llama el "Príncipe Carlos". El famoso lugar está localizado en un sencillo pueblo suizo con sólo unos cuantos hoteles y cabañas en los bosques. Es tradicional pero también lujoso. Las excursiones escolares que había hecho Kate para practicar esquí le habían servido bien. Era buena en este deporte; de hecho, Guillermo luego dijo: "Ella es mejor que yo en cuanto a tenis y esquí, ¡pero yo soy mejor en todo lo demás!"

Con ropa de esquiar en rojo y negro, la pareja se fue a las montañas, como se habían acostumbrado a que los dejaran en paz y estaban entre amigos y familia, bajaron la guardia y fueron afectuosos. La foto que se vio alrededor del mundo era una imagen feliz, se parecían a cualquier otra pareja joven y enamorada, pues estaban sonriendo mientras se daban la mano. Sin embargo, debido al acuerdo que se había hecho con la prensa cuando Guillermo empezó a asistir a St. Andrews, que indicaba que lo dejarían tranquilo los cuatro años que su curso durara, la familia real no estaba contenta. El *Sun* alegó que el era el futuro rey y que si estaba en una relación seria, el público tenía derecho a saber. Ambas partes dejaron el tema.

Sin embargo, apenas dos meses después, para cuando empezaron las vacaciones de verano, Kate y Guillermo tomaron un descanso de su relación. Apenas tenían 22 años y todavía les quedaba otro año en la universidad. No estaban pensando en el futuro a largo plazo. Muchos estudiantes de St. Andrews coinciden en que, aunque el pueblo es perfecto para crear una comunidad de estudiantes fuerte y que se apoya, al ser tan pequeño, algunos empiezan a sentirse asfixiados, generalmente cuando han pasado unos tres años. Guillermo se estaba sintiendo atrapado en la relación, por lo que decidieron pasar un tiempo separados. Era la primera relación seria para los dos, no tenían nada con qué compararla. Estaban descubriendo cosas nuevas sobre la marcha.

Kate decidió trabajar durante el verano. Cuando regresó a su casa en Bucklebury, se acercó a la tienda de ropa de su escuela local de tiro para preguntar por oportunidades. Había sido una frecuente visitante de la escuela durante algún tiempo; había tomado lecciones de disparo a palomas de cerámica. También había aprendido sobre el manejo y seguridad de las armas junto con algunos miembros de su familia. En la tienda descubrió la marca de lujo llamada Really Wild Clothing. Le gustó mucho el diseño; mezclaba el estilo campirano clásico con un aire moderno y urbano. "Entró a la tienda para ver si había algún puesto vacante, o algún tipo de trabajo que pudiera hacer durante el verano", recuerda Sara Johnsin-Watts, quien ha trabajado con la diseñadora Natalie Lake en el desarrollo de la marca lo largo de los años: "Kate había tomado clases de tiro los años anteriores, de modo que estaba bastante familiarizada con varios integrantes del personal y tuvo la confianza de preguntar por oportunidades."

Fue el momento perfecto para Really Wild, pues estaba lanzando su nueva colección en la Feria Blenheim de Animales de Caza, y se llevó a Kate para hacer trabajo promocional durante unos cuantos días. "Ella llegó y dijo que haría lo que se requiriera", recuerda Sara. "Era bastante más joven que el resto de nosotros, pero era muy madura y tomó varios papeles a lo largo del día. Realmente no necesitamos explicarle nada, ella simplemente sabía hacer lo necesario. Ayudó a los clientes a probarse cosas, puso otras cosas en las bolsas, repartió folletos, fue algo muy relajado y su presencia fue un gusto."

La noticia de la relación de Kate y Guillermo se había dado a conocer en los periódicos apenas unos meses antes, y aunque para entonces ya estaban pasando un tiempo separados, el público no lo sabía e inevitablemente surgió interés cuando la gente de la feria se dio cuenta de quién era. "Hubo bastante interés en nuestro local", explica Sara. "Para protegerla, le sugerimos que no nos ayudara el segundo día, dado que la gente le ponía tanta atención. Sin embargo ella dijo: 'No, no, les di mi palabra y allí estaré'. Ella era como una auténtica estrella."

Guillermo disfrutó sus vacaciones de verano y se la pasó con amigos. Primero se fue a Nashville, Tennessee, con algunos amigos para quedarse en la casa de la familia de una compañera de St. Andrews llamada Anna Sloan. Luego viajó en barco a Grecia con amigos varones, en donde toda la tripulación estaba compuesta por mujeres. Guillermo también expresó su interés por la actriz aristocrática Isabella Anstruther-Gough-Calthorpe a cuyo hermano, Jacobi, lo conocía de cuando jugaba polo. La esbelta rubia acababa de tener su primer papel grande en la pantalla en la cinta *Stage Beauty*, con Claire Danes. Finalmente se casó con el heredero de la empresa Virgin, Sam Branson. Aunque rechazó a Guillermo, siguieron siendo amigos, y no sólo asistió a la boda real, sino que el Príncipe Enrique llegó a ser pareja de su media hermana, Cressida Bonas.

Entre tanto, Kate pasó su tiempo libre el verano de 2004 con su familia en Bucklebury. Se fue de vacaciones a Dordogne, en el sur de Francia, en donde estaba la casa de la familia de Fergus Boyd, quien había sido compañero de casa de ella y de Guillermo. También acudió otra antigua compañera, Olivia Bleasdale, y su buena amiga Ginny Fraser. Kate no se sentía bien y, una noche, tras algunas copas de vino, confesó que extrañaba a Guillermo.

Resultó que dos meses separados fue lo más que esta pareja podía tolerar. Para agosto una vez más estaban juntos. Guillermo llevó a Kate a la hermosa Isla de Rodrigues en el Océano Índico, donde él había pasado parte de su año libre. Incluso basó su tesis universitaria en este lugar, pues decidió estudiar la erosión del arrecife de coral. Rodrigues es un paraíso simple y tropical con unas vistas en verde intenso y pequeñas casitas con techos corrugados. En la noche, sin contaminación por luces, los cielos estrellados parecen infinitos. Fue la primera vez que visitaron juntos el Océano Índico, pero no la última.

De regreso en Escocia, se prepararon para el invierno y la pareja inició su cuarto y último año de estudios. Kate no estaba segura de lo que quería hacer después. Había muchos caminos abiertos para ella, pero no necesitaba pensar en eso todavía. Su energía la ocupaba su tesis, que era sobre el autor de *Alicia en el país de las maravillas* y se titulaba *Ángeles del cielo: La interpretación fotográfica de la niñez realizada por Lewis Carroll*. Guillermo sabía que después de la universidad su vida no volvería a ser igual, tendría que iniciar algunas tareas reales, y todavía le faltaba mucho por aprender. Necesitaría pasar tiempo en las fuerzas armadas y obtener experiencia laboral variada.

En noviembre de 2004, Kate asistió a las celebraciones de cumpleaños número 56 el Príncipe Carlos, lo cual, a pesar de la separación del verano, demostró la cercanía que tenía con el padre de su novio y lo mucho que la apreciaba. Más pruebas de que ella era aceptada por la familia de Guillermo se dieron cuando la invitaron al "fin de semana de soltero" de Carlos la siguiente primavera. El Príncipe de Gales se casaría con la mujer de la que se enamoró 34 años antes, y llevó a un pequeño grupo de personas a hacer un viaje de esquí en Klosters antes de la boda.

Fue el día que algunos pensaron nunca llegaría. Cuando Carlos conoció por primera vez a Camilla Shand, ella tenía 23 años y él 22. Aunque inmediatamente le gustó y empezaron a tener cierto romance, la carrera militar de él apenas iniciaba, y el joven príncipe también quería aprovechar la vida de soltero al máximo antes de asumir sus deberes. Simplemente no estaba seguro de quererse atar tan joven. Tres años después, mientras estaba en alta mar, Camilla, quien para esas alturas sí estaba lista para sentar cabeza, se comprometió con su antiguo novio, Andrew Parker Bowles. Pero la amistad entre Camilla y Carlos nunca terminó.

Cuando Carlos llevaba saliendo con Lady Diana Spencer cuatro meses y la prensa se enteró, su padre, el Duque de

Edimburgo, le pidió decidir si Diana era un prospecto a largo plazo o un simple amorío divertido, pues la relación ahora era pública y afectaría la reputación de ella. Carlos entendió que esto significaba que debía seguir adelante con la relación; decidió proponerle matrimonio.

Aunque la amistad entre Carlos y Camilla continuó los primeros años de su matrimonio con Diana, definitivamente se convirtió en romántica en 1984, cuando Diana empezó una relación con James Hewitt. Camilla se divorció en 1995 y, tras su divorcio en 1997, Carlos estaba preparado para presentar a Camilla como su pareja oficial, pero Diana falleció. Fue hasta un año después que Guillermo y Harry conocieron a Camilla por primera vez. Aunque la relación evidentemente fue complicada de inicio, ambos notaron que le traía felicidad a su padre. Le ganaron mucho cariño en los siguientes años. Carlos y Camilla aparecieron juntos en público por primera vez en enero de 1999, cuando salieron del Hotel Ritz tras una fiesta para la hermana de Camilla. Para cuando se casaron, habían estado juntos, por segunda vez, durante más de 20 años.

A pesar de que Kate no fue invitada a la boda, pues todavía no era parte de la familia real, sin duda fue requerida para las celebraciones informales más personales, como cuando Carlos llevó a su pequeño grupo a Klosters. Así como un año anterior en las mismas montañas, este viaje incluyó eventos únicos: Kate fue fotografiada por primera vez con Carlos en una góndola; Guillermo y Kate también fueron fotografiados abrazándose en público. A pesar de ser un viaje organizado por un príncipe de 56 años, también fue un festejo alocado y divertido, gracias a la presencia de Guillermo, Enrique y algunos de sus amigos. El club nocturno Casa Antica ha sido por mucho tiempo uno de los favoritos de los visitantes británicos, incluyendo los nobles. En el primer piso se encuentra un bar relajado, en el segundo un piano bar y en el tercero un vibrante DJ. Lo describen como "una mansión invadida por gente excéntrica de los años 60" y como un lugar "relajado, para usar jeans, y de repente ver alguna cabeza de ciervo". Una noche, los jóvenes estaban de buen ánimo y Guy Pelly, uno de los amigos de los príncipes, entró corriendo al bar en calzoncillos y se sentó en el regazo de un cliente masculino. Guillermo luego le informó a Guy que ese hombre era el nuevo corresponsal que cubría a la familia real para el *Sun*.

Cuando Guy se fue, Guillermo le dijo al reportero que se acercara. Este le preguntó a Guillermo si pensaba casarse pronto, y recibió una respuesta que se recordó durante los siguientes seis años: "Mira, sólo tengo 22 años, por Dios. A mi edad estoy demasiado joven para casarme. No quiero casarme hasta que tenga al menos 28 o a lo mejor 30."

Kate también estaba divertida esa noche con los dos hermanos y sus amigos. Como por ejemplo, cuando jugaban con Enrique, su pulsera de cuentas, que era un regalo de su novia Chelsy Davy, fue arrancada, y se la pasó buscando las cuentas en el piso. Luego los demás querían bajarle los jeans para comprobar que no traía calzones.

De regreso a St. Andrews, justo cuando todos empezaron a creer que conocían a Kate, una vez más los sorprendió. Se presentó a la audición para la versión de fin de año de *Mi bella dama* realizada por la sociedad de teatro de St. Andrews. "Simplemente se animó después de cuatro años, en este lugar donde nadie sabía que ella tenía talento para el teatro o la música en absoluto", explica Michael Choong. "Para nada daba la impresión de ser extrovertida en ese sentido. Me pareció tan curioso. Me dijo que había interpretado el papel de Eliza en la escuela, pero esta vez no le dieron el papel."

Las cosas iban bien para Guillermo. Después de celebrar el final de los exámenes y ser empapados con latas agitadas de bebidas con gas, en junio, y por primera vez, pasó algo más: Kate y Guillermo asistieron a una boda de sociedad. Hugh van Cutsem, un amigo de la infancia de Guillermo, se casaría con Rose Astor. A pesar de que Kate y Guillermo no llegaron juntos, el hecho de que los dos estuvieran ahí era significativo. Con un saco blanco ajustado sobre un vestido de encaje blanco y negro; un tocado también negro acomodado al lado de su cabeza, Kate lució un atuendo clásico para bodas que se asoció con ella en los siguientes años, conforme todos sus amigos se fueron casando.

Después de la celebración del cumpleaños número 23 de Guillermo en el club de polo Beaufort, llegó el momento de dejar St. Andrews. Fue el lugar que vio cómo se desenvolvió su relación: cuando ella se puso roja al conocerlo, cuando con facilidad hicieron amistad, cuando se volvieron confidentes y cuando se transformaron en una pareja enamorada. Habían cortado y habían regresado. La pequeña ciudad que fue su hogar durante cuatro años, que los protegió y los vio hacer amigos que durarían para toda la vida, les brindó el último periodo prolongado de normalidad que volvieron a tener. Así que el día de la graduación fue una experiencia dulce y amarga al mismo tiempo.

El 23 de junio de 2005, con una camisa blanca bien planchada, una minifalda negra y tacones, Kate se graduó de St. Andrews con un título en Historia del Arte. Guillermo Wales en Geografía. Aunque la parte más antigua de la Universidad data del siglo XV, la sala Younger, donde se graduaron, es sorprendentemente contemporánea y funcional, pues se construyó en los años 30. Tras una misa matutina, recibieron sus diplomas. Aquí no sólo fue donde los Middleton se sentaron a presenciar el gran día de su hija, sino que también estaban ahí Carlos y Camilla, la Reina y el Duque de Edimburgo. Kate todavía no había conocido a la Reina, y no lo haría ese día. Fue un momento para que la pareja celebrara con todos sus amigos y su familia, no para escaparse para un breve primer saludo privado. Sin embargo, Carlos y Camilla habían invitado a los Middleton a cenar la noche anterior, que es cuando se conocieron las dos familias. Al término de la ceremonia, el vicecanciller Dr. Brian Lang dijo: "Han formado amistades para toda la vida. Quizá hayan conocido a su esposo o esposa. Se dice que somos la universidad que más parejas produce en Gran Bretaña, y esto simboliza todo lo bueno de St. Andrews. Confiamos en que ustedes irán hacia delante y se multiplicarán."

Se reventó la burbuja de seguridad que le dio la universidad. Las cosas nunca volvieron a ser iguales. Al igual que muchos graduados universitarios, Kate todavía no decidía su siguiente paso. Pero también estaba en una situación única: aunque ella y Guillermo no acabaran juntos, tenía que portarse de cierta manera mientras fuera su pareja. Esto sin duda afectó su proceso de toma de decisiones y lo que hizo después.

Para Kate, incluso si no estuviera lista para pensar en el futuro a largo plazo, era necesario considerar con seriedad esa posibilidad. Quizá terminaría como la reina de su novio, o como el súbdito de su novio. Estaba en una situación única y complicada en un momento en el que era necesario tomar decisiones.

Dejar St. Andrews fue un cambio dramático y significativo para Guillermo. Su futuro inmediato estaba siendo diseñado para prepararlo en un trabajo que era su destino. Estaba aceptando sus propios dilemas y preguntas, así como un fuerte sentido de que lo esperaba lo inevitable. Además, al dejar el pequeño pueblo del este, se terminaba el acuerdo con la prensa y ambos quedarían expuestos.

Arriba: Kate de pequeña con
su mamá, Carole, en el primer
cumpleaños de una amiga, enero
de 1983.

Derecha: El Príncipe Guillermo
con su mamá, Diana, Princesa de
Gales, en febrero de 1983.

Arriba: En la primera boda
de su tío Gary en 1992, Kate
(izquierda), Pippa y James
posan junto a sus padres,
Michael y Carole , y sus
abuelos maternos, Ron y
Dorothy.

Derecha: El joven Principe
Guillermo (sentado a la
derecha) con su familia en
1992.

Arriba: Kate (al centro de la primera fila) con el equipo de hockey en St Andrews. Siempre deportista, formó parte de los equipos de netball, tenis y natación, entre otros deportes.

Abajo: Después de una experiencia poco placentera en la escuela de mujeres Downe House, Kate (derecha) fue más feliz en Marlborough College.

Arriba: En el 2001 Kate
(extrema derecha) formó parte
en una expedición de Raleigh
International a la Patagonia,
Chile; sin saber que su futuro
esposo había estado en Chile con
Raleigh tan sólo diez semanas
antes.

Derecha: La pareja inició su
relación en la universidad, pero
hasta el 2006 fueron fotografiados
besándose en público en el campo
de juego de Eton.

Arriba: Kate con sus padres, Michael y Carole, en la Academia Militar Sandhurst, para la graduación de Guillermo en diciembre del 2006.

Izquierda: Para marzo del 2007, era notorio que algo andaba mal en su relación, lo que ocasionó su ruptura al siguiente mes.

Izquierda: Kate y Pippa Middleton —las hermanas Sizzler— llegando a la presentación de un libro en mayo del 2007.

Derecha: Disfrutando un alegre momento con el Príncipe Harry y Camilla, Duquesa de Cornwall, durante la ceremonia en la cual Guillermo fue nombrado Caballero de la Orden de la Jarretera en el 2008.

Para su primer compromiso juntos, Kate y Guillermo inauguraron un bote salvavidas en la estación de botes salvavidas Trearddur Bay RNLI, en Anglesey, en febrero del 2011.

Extrema izquierda: Kate en el 2006; (izquierda) para el 2008 se había convertido en un ícono de estilo.

Abajo: Kate, paseando por la ciudad, atrae miradas en Kings Road, Chelsea, días antes de su boda en abril del 2011.

CAPÍTULO SIETE
"MÁS QUE NINGUNA OTRA COSA,
ÉL QUIERE QUE ESTO SE DETENGA"

Mientras que a Guillermo lo asesoraba y orientaba un equipo de expertos en planear sus siguientes 18 meses, Kate platicaba sus opciones con sus amigos y familia —¿le convendría usar su título de alguna manera y solicitar empleos en galerías? ¿O debería pensar en iniciar su propio negocio, como lo hicieron sus padres? Ese verano, tras la graduación, Guillermo, en representación de la Reina, visitó Nueva Zelanda para conmemorar el 60 aniversario de la culminación de la Segunda Guerra Mundial. Realizó varios protocolos por primera vez, como el saludo real conforme las tropas marcharon frente a él, inspeccionó una guardia de honor, plantó un árbol y se fue a hacer un recorrido de reconocimiento. Éstas eran parte fundamental de sus deberes reales públicos y demostraban lo rápido que estaba involucrándose en la vida de la realeza ahora que había dejado la universidad.

Después, Kate y Guillermo se fueron a Kenia. Era la primera vez que Kate estaba en África —el lugar que había capturado el corazón de Guillermo desde que lo visitó por primera vez cuando tenía 16 años. Se les unieron amigos y pasaron un tiempo en casa de unos viejos amigos de él, los Craig. Él se había quedado en su reserva de 61 mil acres, la reserva de vida salvaje Lewa, en su primera visita. Elefantes y rinocerontes negros habían sido perseguidos por cazadores ilegales; los Craig habían convertido su reserva en un santuario para rinocerontes.

Luego, viajaron al Il Ngwesi Lodge en Mokogodo Hills, en Kenia del Norte. Este hotel ecológico está construido de materiales locales. Parece haber surgido del monte en lugar de haber sido construido, ya que está colocado sobre vigas de madera y tiene un techo de pasto; la mayor parte de los interiores son de madera. La ducha al aire libre ofrece una vista de los arbustos que los rodean, y la alberca de agua salada permite observar un lugar en el que frecuentemente beben los elefantes. Comían al aire libre y celebraban su graduación. Disfrutaban las últimas vacaciones antes de que iniciara la vida laboral.

De regreso en Londres, Kate vivió en el departamento de Chelsea que sus padres habían comprado. Localizado en una tranquila calle arbolada justo al lado de Kings Road. Le brindaba lo mejor de ambos mundos, pues estaba ligeramente alejada de toda la acción, pero había tiendas, restaurantes, clubes y cafés muy cerca. Sin embargo, le faltaba algo que para ella había representado su hogar durante los últimos tres años: Guillermo. Él estaba a punto de iniciar seis meses de obtención de experiencia laboral, seguidos por años de entrenamiento militar, lo cual significaba que no sólo no vivirían bajo el mismo techo, sino que estarían, frecuentemente, en distintas ciudades. La base oficial de Guillermo estaba en la residencia de su padre, en Clarence House, en donde el Príncipe Carlos, Guillermo y Enrique se habían mudado después de que la anterior habitante, la Reina Madre, había fallecido. Guillermo y Enrique tenían ahí sus propios departamentos. Era su hogar en Londres. Kate y Guillermo estaban acostumbrados a despertarse juntos cada mañana desde hacía tres años. Aunque pasaban mucho tiempo juntos en el departamento de Kate en Chelsea y en Clarence House, era distinto a lo que estaban acostumbrados. Ya no vivían juntos. Sin embargo, ambos tenían trabajo que hacer, y esa era la prioridad en el momento.

Fue un periodo de ajuste para Kate. Estaba lleno de entrevistas de trabajo. Se estaba acostumbrando a vivir en Londres, al mismo tiempo que se acostumbraba a la atención que ahora recibía. Tras crecer en el campo, y luego ir a un pequeño pueblo universitario en el que todos se conocían, ahora vivía en una ciudad grande y ruidosa. Londres es tan vasto que a veces toma más de una hora llegar de una parte de la ciudad a otra: es ruidoso, veloz y agresivo. Además, el acuerdo con la prensa de no acosar a Guillermo se había terminado, de manera que ahora lo perseguían y fotografiaban; también a Kate. Como ya estaba viviendo en la capital, no tardó mucho para que los paparazzi descubrieran el lugar en que vivía. Con frecuencia se instalaban fuera de su departamento. Ella se encontró en un dilema.

Como la novia formal del segundo en línea para heredar el trono, inevitablemente generaría mucho interés, especialmente porque era joven y atractiva. Sin embargo, al no ser de la realeza, no contaba con personal de seguridad ni un vocero oficial. Lo manejó bien, y siguió sonriendo. Le habían instalado botones de pánico en su departamento, de modo que si alguna situación se volvía amenazadora, recibiría asistencia de inmediato. A pesar de no tener un vocero oficial, manejó con aplomo ciertas situaciones. Por ejemplo, cuando asistió al evento ecuestre del parque Gatcombe y un fotógrafo le pidió posar para una fotografía, le dijo que no de manera cortés pero firme: "¡Si lo hago ahora, lo tendré que hacer siempre que esté esquiando o en cualquier otra ocasión!" El fotógrafo le dijo que lucía hermosa y que se ruborizó, pero fue firme. Para una joven de 23 años, se sabía manejar muy bien.

En octubre, sin embargo, la fotografiaron en un camión mientras iba a una entrevista de trabajo. Alegaron que no había diferencia entre ser fotografiada en un camión y ser fotografiada caminando por la calle o yendo de compras con su madre. En este caso, la gran diferencia es que el fotógrafo llevaba siguiendo a Kate todo el día. Por instrucciones de Guillermo, quien discutió el asunto con Kate y su padre, enviaron una carta legal a los editores del periódico para solicitar que no publicaran los datos de la vida privada de Kate. Guillermo había desconfiado toda la vida de los paparazzi, e incluso inició sus propias investigaciones sobre las complejas leyes de privacidad para ver la mejor forma de proteger a su novia. Kate recibió consejos de Guillermo referentes a cómo lidiar a la prensa y al público. También la entrenaron los asesores de Carlos, quienes le pidieron ver cintas de Diana para analizar cómo trataba ella a los paparazzi. Kate siguió usando el transporte público para desplazarse en Londres. Guillermo le dio un Volkswagen negro, que ella usaba para manejar a casa y para ver a sus padres.

Ella aprovechó la vida con luces brillantes en la gran ciudad. Su nuevo hogar estaba cerca de una de las zonas más bulliciosas y exclusivas. Kings Road era como una pasarela, la gente no sólo se metía a las tiendas, sino que entraba en ellas con un bronceado que le duraba todo el año, usaba maquillaje perfecto y lucía prendas en cashmere color camello. El estilo de Kate también estaba cambiando, pero todavía no era el icono de la moda que fue en años posteriores. Mientras estaba en la universidad le gustaba usar jeans con botas que combinaba con suéteres y camisas. Dejaba que su cabello se secara con el aire. Pero cuando se mudó a la ciudad y se presentaba a las entrevistas laborales cambió a un estilo más elegante. Mientras descubría qué ropa le quedaba mejor, utilizó prendas poco juveniles. Apenas tenía 23 años, pero usaba sacos sastre y chales anudados, o bien prendas con estampados florales anticuados. Comenzó a ir, muchas veces acompañada de su mamá y su hermana, al salón de Richard Ward, en donde le secaban el cabello y le hacían manicure. Kate siempre elegía un estilo sencillo pero apropiado, como tratamientos para incrementar el brillo y un peinado con secadora que hacía que su cabellera luciera voluminosa. Su estilista era James Pryce, que se convirtió en su favorito. Más adelante, la peinó para el día de su boda y la acompañó durante su primera gira real por Canadá. Cuando Pippa la visitó en un descanso que tuvo de la Universidad de Edimburgo, fueron al popular restaurante Bluebird.

Guillermo pasó su tiempo cumpliendo tareas que le permitirían entender algunas áreas clave de los negocios del país que algún día él reinará. Aprendió a manejar una propiedad campirana cuando se quedó con el Duque y la Duquesa de Devonshire en su propiedad de Chatsworth durante dos semanas. Mientras estuvo ahí, ayudó a que naciera un becerro, manejó tractores y trabajó en la carnicería. Luego pasó tres semanas de trabajo en la sede de HSBC, en el área de servicios de caridad, y después estuvo en el Banco de Inglaterra, Farrer and Company, la Bolsa de Valores de Londres, Lloyd's of London y la Autoridad de Servicios Financieros. También pasó unas cuantas semanas en Anglesey, en Gales del Norte, y con el equipo de rescate de montañas del valle RAF, con el que definitivamente se identificó y, tras su entrenamiento en RAF, regresó a trabajar ahí cuatro años después.

Con frecuencia volvía a Londres. Kate aprovechó al máximo su nueva vida en la capital. Muchos de los clubes que frecuentaban sus amigos y hermanos eran caros, populares e intercambiables. Simplemente eran lugares para beber, bailar y encontrarse con otros; lugares oscuros y con humo, donde vibraba la música fuerte y llegaban personas atractivas, bien vestidas y que sabían exactamente a dónde ir. Tomaban vodka con jugo de arándano en lugares como Mamilanji que tenía un bar, un *lounge* y un club unidos por pasillos de mármol, o bien al club Embassy, de dos pisos, al que siempre acudían celebridades. Otros de sus favoritos también fueron Purple, que estaba dentro de los terrenos del equipo de fútbol de Chelsea y, por lo mismo, impedía la entrada de los paparazzi, y Raffles; el cual cuenta con un piso para bailar iluminado y un escenario central con un tubo que podían usar los bailarines aficionados para dar algunas vueltas. Cuando querían una noche más tranquila, Kate y Guillermo se iban por su cuenta a comer en Pigs Ear, un pub galardonado por su gastronomía con un menú donde abunda la carne y que incluye la oreja de cerdo crujiente y salada, platillo al que se debe su nombre.

Cuando el año llegó a su fin, una revista alemana publicó una fotografía de Guillermo al salir del departamento de Kate. Mostraba claramente dónde vivía ella. Fue sumamente irresponsable. Por esta razón, la pareja sólia quedarse en el departamento de Guillermo en Clarence House.

Al saber que no pasarían mucho tiempo juntos los siguientes meses, Kate y Guillermo aprovecharon al máximo las vacaciones. Kate fue invitada a Sandringham para el día después de Navidad donde se llevaría a cabo la tradicional cacería de faisanes de la familia real. Ella y Guillermo se quedaron al terminar —se fueron a una de las viviendas más pequeñas en la propiedad para celebrar juntos el Año Nuevo. En enero de 2006, Kate festejó su cumpleaños número 24 con su familia y sus amigos, pero sin Guillermo. Dos días antes, él se había ido con el ejército de la academia militar de Sandhurst, y tenía que quedarse todo el año siguiente.

Es un requisito que todos los integrantes masculinos de la familia real se entrenen con las fuerzas armadas. Debido a que el compromiso que tienen para toda su vida es servir a su país, el entrenamiento militar refuerza este ideal en ellos. El Príncipe Carlos y el Príncipe Andrés habían estado en la

Naval; el Príncipe Eduardo en la Marina Real. Enrique se saltó la universidad; tras su año libre, se había ido directamente a Sandhurst, o sea que ya había avanzado.

A Guillermo lo esperaba mucho trabajo pesado. Su día iniciaba a las cinco de la mañana y debía entrenar 18 horas al día. Además, no se permitían computadoras portátiles ni teléfonos durante las primeras cinco semanas. También fue difícil para Kate, pues no podía ver a su novio durante aquellas primeras semanas de entrenamiento, mientras estaba encuartelado. Guillermo inició un compromiso con la milicia que continuará por el resto de su vida. Todo el mundo concocía las actividades militares de Guillermo, pues su equipo enviaba avisos a la prensa. Kate no era integrante de la familia real, por lo tanto estaba llevando una vida privada sin declaraciones de la prensa que indicaran sus movimientos. Tan pronto ponía un pie en la calle, la seguían los paparazzi y escribían de ella en los periódicos, pero nadie sabía lo que estaba haciendo a puertas cerradas, y nadie conocía qué tipo de trabajo estaba realizando. Con el paso del tiempo, surgieron preguntas respecto a cómo se estaba ganando la vida o si percibía algún ingreso.

En realidad, estaba trabajando para la compañía de sus padres, Party Pieces, pero a menos que ella se lo informara a la prensa, esto no tenía por qué reportarse. Ella era una hoja de papel en blanco, y la gente empezó a garabatear lo que se le antojaba en ella. Sin embargo, estaba en una posición difícil: si hablaba con la prensa se hubiera dicho que era alguien que buscaba atención y sentía necesidad de justificarse, pero si no hablaba daba la impresión de que no estaba haciendo nada. Sabiamente eligió hacer esto último y se mordió la lengua.

Si alguien está tan conectado con la familia real, lo mejor es adoptar el código de conducta real, sólo por seguridad, y éste siempre ha sido: "No quejarse y no explicar." Así que en las fotos tomadas por los paparazzi, siempre lucía sonriente, con buen ánimo y tranquilamente haciendo su vida. El único momento en que habló acerca de su trabajo fue durante una entrevista que dio con motivo de su compromiso, en ella declaró: "Sé que he estado trabajando muy duro en el negocio familiar, a veces los días son largos... Si hago mi parte todo el mundo con quien trabajo puede notar que estoy haciendo mi parte y eso es lo que me importa."

Los tres chicos Middleton han trabajado para sus padres en un momento u otro –así como algunas familias producen generaciones de abogados, médicos o podólogos, el punto fuerte de los Middleton es realizar celebraciones creativas. No es una descripción laboral tan fácil de entender como la de un abogado, pero son buenos en lo que hacen y les funciona. Kate se ocupó de hacer la mercadotecnia para la compañía, de realizar el catálogo y de tomar un curso de diseño de páginas web para poder explotar mejor la presencia en línea de la compañía.

También estaba asimilando lentamente y con cuidado la vida de la nobleza. Las ocasiones clave dentro del calendario real incluyen eventos relacionados con caballos, y uno de los primeros del año es la Copa de Oro de Cheltenham, una carrera decisiva en el Festival de Cheltenham. En 2006, Kate asistió con una amiga, y fue invitada al palco real a comer con Carlos y Camilla, lo que resultó significativo pues Guillermo no estaba presente. Claramente ella era aceptada como un miembro de la familia. Además, fue la primera vez que se le vio en público en un entorno formal con Carlos y Camilla. Durante el evento, presenció las carreras junto con los hijos de Camilla, Tom y Laura Parker Bowles, y con el mejor amigo de Guillermo, Thomas van Straubenzee .

Rápidamente tendrían lugar otros novedosos acontecimientos: en mayo, ella y Guillermo fueron a la boda de la hija de Camilla, Laura Parker Bowles, con Harry Lopes, la cual fue su primera boda familiar juntos. Alrededor de este tiempo, Carlos les dio permiso de dormir en la misma habitación cuando se quedaran en su casa de campo, Highgrove. A lo largo del año, cuando Guillermo tenía descansos, pasaba muchos fines de semana en el hogar de los Middleton, para conocer mejor a la familia de Kate.

Tras las cinco semanas iniciales tan demandantes en Sandhurst, Kate y Guillermo compensaron el tiempo perdido con un viaje a Mustique, la isla caribeña. Se quedaron en la Villa Hibiscus que les fue prestada por Belle y John Robinson, los dueños de la cadena de tiendas de ropa Jigsaw. Guillermo había negociado esta estancia con la pareja: les ofrecieron el uso gratuito de su villa, a cambio de un donativo a un hospital en la isla vecina de San Vicente. La villa era tan espectacular como esperaban —estaba en una colina desde donde podían ver la playa Macaroni y otras islas caribeñas. Jugaron voleibol y retaron a los isleños a juegos de frisbee. Visitaron una casa de huéspedes llamada Firefly, en la que tomaron cocteles. Guillermo pidió vodka con jugo de arándano y Kate dio sorbos a sus piñas coladas. Además de tener unas vacaciones de ensueño, el contacto con los propietarios de Jigsaw le brindó a Kate una oportunidad laboral a la que dio seguimiento tras regresar a casa.

Jigsaw fue el lugar ideal para que Kate trabajara. Ella podría haber sido la imagen de la marca. Ya no usaba su guardarropa universitario y había refinado su apariencia londinense inicial, que la hacía verse mayor. Ahora se caracterizaba por su estilo coqueto y femenino. Combinaba jeans entallados con blusas bonitas, vestidos ligeros y vaporosos con zapatos de tacón de la marca French Sole. Ese verano fue la primera vez que se vio lo elegante que iba a llegar a ser. Cuando asistió al primero de lo que después se convertiría en un evento de caridad glamoroso a celebrarse cada dos años, el Boodles Boxing Ball, asombró con su vestido azul celeste de largo hasta el piso de la casa BCBG Max Azria. Era muy abierto al frente, con listones entrecruzados que acentuaban su pequeña cintura. Como accesorio llevaba un bronceado profundamente dorado. Era un estilo que nunca se había asociado antes con Kate, pero quedaba claro que ella era una persona digna de vigilarse. Kate y Guillermo todavía aparecían en la escena social londinense cada vez que él la visitaba. Junto con el Príncipe Enrique, su novia Chelsy Davy y sus amigos, la pareja disfrutaba de la vida lujosa en la capital.

Tras pasar por una amplia gama de clubes cuando empezaron a socializar en Londres, Kate y Guillermo habían encontrado sus favoritos –los clubes nocturnos Boujis y Mahiki. En el primero, un club privado sólo para socios, la membresía costaba alrededor de 500 libras por año y para ser uno de los posibles elegidos era necesario conocer a un socio. El grupo de la realeza iba tan seguido que en 2006 el dueño decidió no cobrarles a los príncipes porque ellos y sus amigos atraían mucha publicidad para el club. Tenía iluminación morada que daba una sensación opulenta. Pequeños focos cubrían el techo y largos gabinetes con cubetas de plata para hielo, champaña y vodka bordeaban las paredes. El trago distintivo del club era el "Crack Baby", vodka con jugo de fruta de la pasión y champaña servido en un tubo de ensayo. Todos los nobles lo bebían. Generalmente iban las noches del martes, y los llevaban al cuarto café, que era una de las salas VIP cubiertas de ante. Los jueves, por lo general, iban al Mahiki, que era lugar de fiesta más divertido, inspirado en un bar de playa de la Polinesia, con biombos de bambú, ventiladores giratorios tipo retro en el techo y una canoa de guerra de Fiji colgada encima de la barra. Los clientes bebían cocteles servidos en cocos. La creación más famosa era el "Treasure Chest", que se servía en un cofre de madera. Llevaba brandy, licor de durazno, limón y azúcar, además de una botella de Moet & Chandon. Costaba más de 100 libras.

Al poco tiempo, la realidad ensombreció la nueva vida de Kate. Perdió a sus dos abuelas en dos meses. Fue un gran golpe para su familia tan unida. Primero, en julio, Dorothy, la mamá de Carole, sucumbió a los 71 años ante el cáncer. Carole y su mamá habían sido muy cercanas; no solo se parecían, sino que tenían la misma ambición y las mismas aspiraciones lo que permitió que aprovecharan sus vidas al máximo. En el funeral de su abuela, Kate leyó un poema. Al evento, también asistió su vecino Dudley Singleton, quien recordó: "la última vez que vi a Kate fue en el funeral de su abuela. Se realizó un velorio, no sólo para la familia, sino también para todos los amigos que ella tenía del pueblo. A todo el mundo lo invitaron después a la casa."

Poco después del funeral de su madre, Carole le preguntó a su hermano Gary si podía ir con su familia a la villa que él tenía en Ibiza para alejarse de todo. Era el lugar perfecto para escapar –se llamaba "La Maison de Bang Bang" y era completamente privada, con vista al mar, de modo que podían sentarse cerca de la alberca, tomar el sol y disfrutar algunas comidas en familia.

Guillermo los alcanzó su último fin de semana. Hicieron un paseo en yate para visitar una isla local con baños de barro medicinal. Ambos recibieron tratamientos curativos con arcilla. Uno de los amigos de Gary también le enseñó a Guillermo a mezclar música como DJ. Fue una pequeña pausa que la familia tuvo para reponerse de su pérdida. Pero Valerie, la madre de Michael, murió dos semanas después a causa de un linfoma a los 82 años.

Poco después, Kate empezó su nuevo trabajo, como compradora de accesorios para Jigsaw. "La gente pensó que era un acto de caridad por parte nuestra" Belle Robinson le dijo al *Evening Standard*. "Pero Kate es una chica inteligente. Ella creó la página web para el negocio de sus padres y pensamos que esas habilidades serían útiles." Cada día, Kate manejaba su nuevo Audi plateado hacia las oficinas ubicadas en Kew, y recorría el país para visitar ferias e inspirarse. Además, co-diseñó un collar con un dije –era una delicada cadena de plata de la que pendía una cuenta del mismo material, un cuarzo rosa y una perla de agua dulce del mismo tono. Los collares se vendieron en 57 libras cada uno. Fueron creados junto con la diseñadora de joyería Claudia Bradby. Ella era esposa del corresponsal de política de ITV Tom Bradby, quien había hecho amistad con el Príncipe Guillermo; lo había filmado durante su año libre. Más adelante realizó la entrevista con Kate y Guillermo con motivo de su compromiso.

Kate fue apodada por la prensa "Katie la que Espera", pues parecía que ella simplemente esperaba que Guillermo le propusiera matrimonio. Con justa razón, ella odiaba semejante título. En privado, estaba preparada para esperar, porque sabía que ambos tenían algo bueno, también sabía que él tenía compromisos que cumplir, pero en su vida laboral las cosas eran más difíciles. Ella no poseía una carrera técnica, por lo cual no tenía en mente un trabajo basado en sus habilidades que fuera perfecto para ella. Muchas personas de veintitantos años con títulos relacionados con artes y letras experimentan con diferentes carreras, pero la criticaban por no estar segura de lo que quería hacer y por probar distintos caminos. Eso sí, necesitaba tener cuidado. Mientras estuviera en una relación con Guillermo, no podía parecer que estuviera usando sus contactos con la realeza para impulsar su propia carrera; tenía que elegir bien. Pues, los Middleton ya habían sido acusados de usar sus relaciones con la realeza para impulsar su negocio. Eso es algo que Sofía, la Condesa de Wessex, había sufrido en su relación con el Príncipe Eduardo. Cuando se conocieron, Sofía tenía su propia empresa de relaciones públicas, pero la acusaron de usar sus conexiones con la realeza para sus negocios. Tras su matrimonio renunció a su empleo para ser una integrante de la realeza de tiempo completo. Así que Kate se andaba con cuidado cuando comenzó a considerar la industria de la moda como posible espacio para hacer carrera.

Cuando el 2006 llegó a su fin, la relación de Kate y Guillermo llegó a otro punto importante; cada uno había pasado mucho tiempo con la familia del otro por separado, pero la ceremonia de conclusión de Guillermo en Sandhurst sería la primera ocasión formal en la que todos se reunirían. El noviazgo de Carlos y Diana fue tan corto que el asunto de que su familia fuera incluida en una ocasión real no requirió explicación; incluso tras casarse no hubo muchas ocasiones en las que coincidieran los Windsor con los Spencer.

Las cosas habían cambiado bastante en dos décadas, además Guillermo siempre fue cercano con los padres de Kate. Cuando él se graduó de Sandhurst, no sólo invitó a su novia, sino también a su familia. Además, los Middleton tampoco tuvieron que cruzar el estacionamiento a pie sino que, como las demás familias; caminaron por la alfombra roja al igual que la Reina, el Príncipe Felipe, Carlos y Camilla. Aunque la Reina asistió, todavía no era tiempo de que ella y Kate se conocieran. Al igual que en la graduación de St. Andrews, éste era un día para que Guillermo celebrara con gente de su edad, no para desaparecerse con su abuela, su novia y sus familias.

Kate llamó la atención. Esta chica de 24 años que generalmente se vestía de manera reservada se presentó con un abrigo escarlata de Armani que revelaba un chaleco con encaje negro acompañado por guantes de piel negros con aberturas. Los lectores de labios contratados por ITV reportaron que cuando vio a Guillermo, su madre le dijo: "Me encanta el uniforme, es tan sexy." Guillermo usó su traje número 1, que consistía en una túnica azul marino acompañada de pantalones con una línea roja que recorría la pierna, un cinturón rojo y un sombrero azul marino con una banda roja. Trató de no sonreír cuando la Reina lo inspeccionó.

También se comentó que Carole rompió el protocolo, pues masticó chicle durante la ceremonia. Aunque luego se reveló que era chicle de nicotina, pues estaba tratando de dejar de fumar. No fue la primera vez que Kate y su familia fueron criticados por personas esnob. Algunos de los cortesanos de palacio y asosiados de Guillermo, que en teoría deberían conocer mejor su difícil situación actual, hablaban de ella a sus espaldas. En opinión de algunos, Kate no tenía sangre lo suficientemente azul como para casarse con un príncipe y ser la futura reina. Cuando llegaba a ciertos eventos había comentarios hirientes con relación a la antigua carrera de azafata de su madre. Kate estaba consciente de esto, pero tuvo suficiente sentido común como para ignorarlos.

Además, Pippa, que estaba estudiando la Universidad de Edimburgo, también estaba llamando la atención. Estaba saliendo con aristócratas y juntándose con ellos. La revista *Tatler* las había apodado sarcásticamente: "las hermanas vistaria", pues, de acuerdo con esta Biblia de la sociedad, eran "altamente decorativas, olían muy bien y tenían la increíble capacidad de trepar". La familia se mantuvo unida, se apoyó; mantuvo sus brillantes y bien peinadas cabezas en alto.

Aunque la ceremonia de conclusión de Sandhurst parecía una buena señal para el futuro de la relación de cuatro años, surgió un problema unas cuantas semanas después, cuando la familia de Kate invitó a Guillermo a pasar Año Nuevo con ellos. Los Middleton habían reservado Jordanstone House, una casa ubicada en una campiña nevada a las afueras de Alyth, al norte de Dundee. Guillermo había tenido inicialmente la intención de ir, pero luego cambió de opinión, lo que enojó a Kate. No se habían visto en toda la temporada festiva, pues Guillermo siempre pasaba Navidad con la Reina y el resto de su familia en Sandringham. Aunque ciertas cosas estaban cambiando dentro de la familia real para estar acorde con la época, la Navidad en Sandringham todavía era un evento exclusivo para la realeza. Esto significaba que no podrían pasar aquel día juntos a menos que estuvieran casados.

Desafortunadamente, la tendencia de pasar tiempo separados continuó hasta Año Nuevo. Un día antes del cumpleaños 25 de Kate, Guillermo se fue para unirse a su primer regimiento, "The Blues and Royals", junto con el regimiento "Household Cavalry" en el cuartel de Bovington en Dorset. Iba estar ahí buena parte de los siguientes meses y, el trayecto de tres horas en auto, significaba que no necesariamente regresaría a Londres cada fin de semana.

En 2007, muchos habían vaticinado una boda real. Woolworths ya estaba preparando mercancía inspirada en la boda. Justo antes del cumpleaños de Kate, Patrick Jephson, antiguo secretario privado de Diana, escribió un artículo para el *Spectator* titulado: "La siguiente princesa del pueblo", en él comentaba que ella sería una adición glamorosa y muy necesaria para la familia real. Cuando Kate salió para su trabajo la mañana de su cumpleaños, la abordaron los paparazzi más agresivos que nunca.

El interés en Kate ya se había convertido en acoso. Al día siguiente, Guillermo solicitó que su secretario de prensa ofreciera la siguiente declaración: "Más que ninguna otra cosa, él quiere que esto se detenga. La señorita Middleton, al igual que cualquier otro particular, debería poder realizar sus actividades diarias sin esta clase de entrometimiento. La situación se está convirtiendo en algo intolerable para todos los involucrados."

El mes siguiente, Guillermo le dio a Kate un regalo previo al día de San Valentín, que era una polvera de maquillaje de Van

Cleef & Arpels en esmalte verde adornado con diamantes que mostraban a un jugador de polo a punto de golpear una perla. Fue un buen gesto, pero no estaban pasando tiempo juntos. Se empezaban a notar los problemas, que luego se incrementaron.

Guillermo estaba fuera de Londres y pasaron mucho tiempo separados en los siguientes meses. Además, todavía eran jóvenes. Ambos estaban decidiendo lo que querían de la vida, pero Kate sentía que su opinión tenía menos peso en cuanto a su relación y a su futuro. Aunque tenía su trabajo en Jigsaw, no estaba segura de quererlo como algo a largo plazo. Guillermo tenía que cumplir sus tareas –era su destino– pero eso ¿en dónde la dejaba a ella? No estaba segura de la dirección que le gustaría tomar; ¿debería usar su título en historia del arte y entrar en un campo relacionado, debería explorar su interés en la moda o debería aprovechar su experiencia y los contactos familiares para adentrarse en la industria de las fiestas como sus padres? ¿O todo esto sería para nada? Si se llegaran a casar, tendría que sumergirse de lleno en la vida de la realeza. Esto requeriría tiempo y preparación.

Además, Guillermo parecía no tener ninguna prisa para regresar a Londres los fines de semana. Su cuarto en el cuartel era pequeño, al igual que el de los demás hombres, con una sola cama individual. No era apropiado que una pareja pasara ahí el fin de semana. Así que si querían verse, él tenía que ir a Londres o a Berkshire. Comenzó a pasar más tiempo con los de su cuartel, iban juntos a beber y a bailar.

Cuando sí llegó a ir a Londres, en una ocasión, se fue a Boujis con sus amigos y coqueteó con otra chica, lo que apareció en los periódicos al día siguiente. Kate se empezó a hartar, pues le pareció una falta de respeto.

Asistieron juntos al Festival de Cheltenham, pero mientras que el año previo parecía que todo estaba bien con Kate, pues se la había pasado en el palco real con Carlos y Camilla, este año ella y Guillermo se veían tristes y a disgusto. Sus atuendos pasados de moda de tweed a juego, reflejaban la podredumbre que invadía su relación. Unos cuantos días después, Guillermo regresó a su cuartel y salió al club nocturno cercano Elements, en Bournemouth. El príncipe, normalmente cuidadoso, estaba borracho y se estaba divirtiendo. Lo rodeaban chicas glamorosas semidesnudas. En una fotografía parecía estar sosteniendo el seno de la brasileña Ana Ferreira. Otra persona que estuvo en el club esa misma noche, Lisa Agar, dijo que Guillermo estaba coqueteando; bailando y haciendo comentarios sugerentes. Las fotos con las chicas estaban en los periódicos al día siguiente. Kate y Guillermo sintieron verguenza. Sin embargo, no había forma de ocultar el hecho de que Guillermo estaba inseguro con respecto a su futuro con ella. Cuando Carlos estuvo en una relación con Diana y llegó a una encrucijada, el Príncipe Felipe le dijo que necesitaba tomar acción de una u otra manera, y Carlos le propuso matrimonio. Cuando Guillermo se enfrentó con un dilema similar, hizo lo opuesto.

CAPÍTULO OCHO
LAS HERMANAS "SIZZLER"

La última vez que Kate y Guillermo salieron antes de cortar fue con sus amigos Hugh y Rose van Cutsem, a cuya boda habían asistido dos años atrás. El 31 de marzo de 2007, el cuarteto tuvo una noche tranquila en un lugar cercano en donde vivían los van Cutsem, el pub King's Head, en Bledington. ¿Para cuando Kate voló a Irlanda con su mamá el 3 de abril, se había acabado la relación de cuatro años. Kate estaba devastada, pero en lugar de sólo llorar en casa en un cuarto oscuro, incrementó su cantidad de actividades. Nada permite tener una nueva perspectiva ante un problema que alejándose de él. Volar a otro país es incluso preferible. Kate y Carole se habían ido a Irlanda para apoyar a una amiga de Carole llamada Gemma Billington, que estaba realizando una exhibición privada de sus pinturas. Tras recorrer la exhibición, madre e hija asistieron a una recepción con champaña. Aprovecharon al máximo su visita e hicieron un recorrido por la Galería Nacional de Irlanda.

Guillermo decidió celebrar el final de su relación con un paseo a Mahiki. La noticia de su rompimiento todavía no era pública, pero quienes estaban cerca de él en el club lo supieron cuando saltó sobre una mesa y gritó: "¡Soy libre!" y empezó a bailar como robot, como el futbolista inglés Peter Crouch. Después le sugirió a sus amigos que bebieran todo lo que contenía el menú.

Al día siguiente se dio a conocer la noticia de su rompimiento, pero no pasó mucho tiempo antes de que Guillermo empezara a cambiar de opinión. Quizá consideró lo que había ocurrido con su padre cuando tenía veintitantos años y dejó que Camilla se fuera. Guillermo no quería cometer el mismo error. Kate, sin embargo, necesitaba que la convencieran. Él le había roto el corazón. Ella quería asegurarse de que si volvían era por las razones correctas y cerciorarse de que las cosas cambiarían. Se inscribió a un reto de carrera de barco para beneficiar a una obra de caridad. Sus compañeras de tripulación se hacían llamar el "Sisterhood", es decir, "la Hermandad," y se anunciaban como "Un grupo de elite de atletas femeninas, con muchos talentos y apariencia perfecta que tiene la misión de seguir adelante con audacia hacia donde ninguna chica ha ido antes".

Guillermo pasó el verano en su cuartel. En su tiempo libre cumplió sus deberes reales, jugó polo y paseó algunas noches con amigos. Mientras tanto, Kate aceptó una gama de invitaciones mostrándose más sociable y vibrante en público de lo que había sido durante un tiempo. Pronto llegó Pippa a Londres, quien acababa de terminar la universidad y se mudó al departamento de Chelsea con Kate. Ambas chicas iban juntas a que les realizaran bronceados con aerógrafo y a que les secaran el cabello. Decidían a qué eventos sociales acudir. Durante un tiempo, Kate había pensado que le gustaría acercarse a un estilo de vida más estable y maduro, pues prefería las noches relajadas en casa y los eventos familiares. Sin embargo, apenas tenía 25 años y ahora era una chica soltera con el mundo a sus pies y un taxi esperándola afuera.

Aunque tenía el corazón roto, no lo quería mostrar. Tras el rompimiento, lució vestidos más cortos, blusas más escotadas y atuendos más audaces. En numerosas ocasiones salió a lugares de moda que había frecuentado antes con Guillermo. Su cabello castaño y sus extremidades cuidadosamente acomodadas y bronceadas, que lucía al entrar y salir de taxis, fueron algo que se vio con frecuencia en abril y mayo. Acudió a eventos muy diversos.

Ella y Pippa fueron a la casa joyera de lujo Asprey para el lanzamiento de *El joven Stalin* –una biografía escrita por el cuñado de Tara Palmer-Tomkinson, Simon Sebag Montefiore. Kate también fue a una fiesta para promover la cinta *Rabbit Fever*, que trataba de mujeres obsesionadas con los famosos vibradores. Lucía completamente distinta que cuando usaba los anticuados atuendos de tweed que se había puesto dos meses antes y que le aumentaban la edad. Kate ahora prefería faldas sedosas y blusas pegadas que dejaban un hombro descubierto y que permitían ver parte del torso. Presumía un bronceado color caramelo y una cabellera besada por el sol. En la fiesta se puso orejas rosa de conejo, bailó y "coqueteó con todos los chicos".

Aunque Kate participó en muchas actividades sociales después del rompimiento, por dentro sufría. Entrenar con el Sisterhood la distrajo y la hizo sentirse mejor. Las 21 chicas involucradas querían remar a través del canal para juntar dinero para la "Fundación Ben Hollioake", que obtiene dinero para el Cuidado de Hospicio para Niños CHASE, y para otra institución de beneficencia para niños que requieren hogar, Babes in Arms. Kate se involucró en esto gracias a su antigua amiga de la escuela Alicia Fox-Pitt, y su compañera que también remaba, Emma Sayle, que recuerda: "Kate estaba muy decaída y creo que entrenar fue como su terapia. Kate siempre había antepuesto las necesidades de Guillermo a las suyas, y ésta era su oportunidad de hacer algo para sí misma."

El equipo entrenaba en el Támesis, a la altura de la zona arbolada londinense de Chiswick, desde las 6:30 A.M. Kate se dedicó de lleno al entrenamiento. Rápidamente demostró cuánto valía. "No era un asunto de 'Oh, entró al equipo por ser Kate Middleton'", le dijo Emma al *Daily Telegraph*. "Tiene que demostrar su valor. Lanzamos el reto en noviembre y Kate se unió en abril. Nuestro entrenador dijo que ella podía unirse sólo si estaba al nivel." Gracias a años de entrenamiento deportivo, y a un régimen constante de tenis y natación, Kate no sólo estaba al nivel, sino que lo superaba.

En la entrevista de su compromiso, habló del rompimiento y dijo: "Creo que en ese momento no estuve muy contenta, pero me volví una persona más fuerte, descubrí cosas de mí que quizá no había notado. Me parece que una relación te puede absorber demasiado cuando eres más joven… Realmente valoro ese tiempo que tuve para mí, ¡aunque en ese momento no lo vi de esa manera!"

Todavía estaba curando sus heridas cuando viajó a Ibiza a tomar un poco de sol y relajarse con su hermano James y algunos amigos, incluyendo a su compañera de escuela de Marlborough Emilia d'Erlanger. Una vez más, se quedaron en la villa de su tío Gary. La esposa de Gary notó que Kate pasó mucho tiempo hablando por teléfono.

Entre tanto, aunque Guillermo se había preguntado qué otras opciones tenía, resultó que él ya había tenido todo lo que deseaba. Él y Kate regresaron en secreto el 9 de junio, cuando ella asistió a una fiesta para celebrar el fin del entrenamiento de él. El tema era "Muy sexy", Guillermo se puso un short extra corto, un chaleco y un casco de policía, mientras que Kate vistió de enfermera sexy. Había muñecas inflables colgadas del techo y meseras sensuales que estaban repartiendo cocteles muy fuertes. Afuera había un castillo inflable para saltar y una alberca para clavados, pero Guillermo y Kate prefirieron pasarla en la pista de baile. Esa noche ella se quedó a dormir en su cuartel. Guillermo luego dijo: "Ambos estábamos muy jóvenes… Nos estamos encontrando a nosotros mismos y estábamos cambiando. Fue muy difícil encontrar nuestro propio camino y estábamos creciendo, así que tener un poquito de espacio fue para bien."

Un mes después, el 7 de julio de 2007, los Príncipes Guillermo y Enrique se pararon en un escenario en Wembley ante

63 mil personas. Enrique gritó: "¡Hola, Wembly!", y la multitud enloqueció. Los dos príncipes habían decidido honrar el décimo aniversario de la muerte de su madre con un alegre concierto de tributo durante lo que hubiera sido su cumpleaños número 46. Fue un gran momento para los chicos –no sólo a nivel personal, sino también porque se acercaron más y de manera más oficial al ojo público. Al sentarse en el palco real, Enrique se instaló junto a su novia Chelsy Davy, mientras que Guillermo quedó junto a su mejor amigo, Thomas von Straubenzee. Sin embargo, dos filas atrás estaba Kate, acompañada de su hermano James. Después de que los príncipes le dieron la bienvenida a todos, Elton John arrancó los festejos al interpretar "Your Song", la canción que Guillermo y Kate después eligieron para su primer baile el día de su boda. El concierto incluyó la participación de Take That, Duran Duran y P Diddy. Varios primos, las princesas Beatriz y Eugenia, Peter y Zara Phillps, y las hijas del Conde de Earl, Kitty, Eliza y Katya, cantaron y bailaron. La noche fue un gran éxito.

Después, Guillermo y Enrique estaban con una actitud más relajada e informal. Los ojos del mundo ya no estaban sobre ellos, habían logrado hacer este festejo extravagante muy emotivo y jubiloso. Esa noche ambos tenían a las mujeres que amaban a su lado. Enrique y Chelsea habían estado juntos durante tres años y también habían tenido sus altibajos; en cuanto a Guillermo y Kate, ya no habría rompimientos y reconciliaciones; esta vez querían estar juntos para siempre.

Guillermo y Enrique habían querido darle las gracias con toda propiedad a todo el mundo involucrado en el concierto –y lo hicieron al ofrecer una magnífica fiesta. Mucha gente donó sus servicios. Hubo peces tropicales que nadaban bajo una pista de baile transparente. Se repartieron ostiones y gelatinas de frambuesa con vodka, además había bailarinas en jaulas. Kate vistió con una respetable gabardina blanca de Issa para el concierto, pero para las fiestas se la quitó y mostró un vestido revelador en encaje blanco que llegaba hasta el muslo. Bailó con Guillermo al son de una de sus canciones favoritas, "I Like The Way (You Move)" de los Bodyrockers, antes de encontrar una esquina discreta iluminada con velas y adornada con pétalos de rosa para beber mojitos, besarse y susurrarse cosas al oído.

Unas cuantas semanas después, se juntaron para la fiesta del cumpleaños número 60 de Camilla en Highgrove. Era un evento de etiqueta. Kate se puso un vestido largo color crema y sirvió champaña, mientras que Guillermo simulaba cantarle el clásico de Frank Sinatra "It Had To Be You". Ella se había metido a hurtadillas para evitar la publicidad, pero una vez dentro, la pareja estuvo felizmente protegida y disfrutó el brillo de este nuevo período tipo luna de miel.

Desafortunadamente, regresar con Guillermo ya no le permitió competir en la carrera con el Sisterhood. Ella hubiera querido completar el reto, y Guillermo la apoyaba al 100 por ciento. Sin embargo, como se habían enviado cartas legales a los medios que solicitaban que le brindaran privacía, ella hubiera parecido hipócrita si luego se hubiera sumado a ese esfuerzo de alto perfil que requería publicidad.

Kate no asistió a la misa para Diana a fines de agosto, pues era una ocasión más formal para los amigos, familia y la gente con quien había trabajado la princesa. Este año, 2007, fue uno en que se sintió, más que nunca, la ausencia de la fallecida princesa. Poco después del concierto y la misa, se reabrió la investigación sobre las muertes de Diana y Dodi. Un año antes, los descubrimientos de Lord Stevens, anterior comisionado de la Policía Metropolitana, indicaron que: "No hubo ninguna conspiración para asesinar a ninguno de los pasajeros de ese auto." Sin embargo, el padre de Dodi, Mohammed Al Fayed, no quedó convencido con los resultados y el caso seguía abierto. Aunque Guillermo y Enrique habían estado viviendo sus vidas y convirtiéndose en jóvenes, les era difícil encontrar paz y dejar esto en el pasado. Finalmente, el proceso los afectó por 10 años.

Kate había estado al lado de Guillermo la mitad de este tiempo. Quizá por esto se convirtió en alguien tan especial para él, logró una unión profunda que nadie más podría entender. Unos cuantos días después de que se reabrió el caso, Kate y Guillermo fueron fotografiados cuando salían de Boujis y los persiguieron los paparazzi. Fue un comportamiento terrible y Guillermo, como es de comprender, se quejó. Sin embargo, la pareja sabiamente decidió volverse menos vulnerable a este tipo de comportamiento. Tras algunos años de divertirse en los lugares de moda, empezaron a socializar a puertas cerradas.

Kate y Guillermo tenían mucho que discutir y tiempo que reponer. En septiembre, volaron a las Seychelles, un grupo de islas remotas en el Océano Índico. Se quedaron en el Desroches Island Resort, y se registraron bajo los nombres "Martin y Rosemary Middleton". Anduvieron en kayak y esnorquelearon en el arrecife de coral poco profundo. Por la noche se relajaron y cenaron a la luz de las velas en la playa. Fue durante estas vacaciones que hicieron un acuerdo. Durante los siguientes años podrían trabajar y disfrutar sus vidas, pues sabían que en algún momento, cuando el tiempo fuera el correcto, serían marido y mujer.

En otoño, tras pasar un año con la compañía, Kate dejó su trabajo con Jigsaw. Lo había disfrutado y se interesaba más por la moda, pero no era la carrera que deseaba seguir. Prefirió explorar su amor por el arte y la fotografía, así como involucrarse más en trabajo filantrópico. Después de tomar las fotografías para la página de Internet de Party Pieces, exploró la idea de convertirse en fotógrafa profesional. Se esmeró en curar una exhibición en el restaurant Bluebird. Ahí, montó una exhibición con la obra del fotógrafo Alistair Morrison, a quien había conocido desde los días en St. Andrews, cuando le pidió su consejo para un proyecto fotográfico en el que estaba trabajando como parte de su curso. Ella había visitado su estudio en Windsor y habían seguido en contacto. Las fotografías eran de celebridades de primer nivel, incluyendo a Tom Cruise, Kate Winslet, Catherine Zeta-Jones y Sting. Habían sido tomadas en puestos fotográficos especiales ubicados alrededor del mundo, en lugares como el hotel Dorchester de Londres, como parte de un proyecto para conseguir dinero para el fondo infantil de las Naciones Unidas, UNICEF. "Es muy, muy buena, y se nota que —dijo Alistair al *Daily Telegraph*.— toma fotografías muy hermosas y detalladas. Tiene un inmenso talento y un gran ojo. Estoy seguro de que le irá bien."

Ese otoño, Chelsy Davy tuvo problemas con Enrique. Kate y Chelsy nunca fueron íntimas amigas, pero estaban en la misma posición y se brindaban apoyo cuando hacía falta. Después de que Kate y Guillermo terminaron en primavera, Chelsy, que todavía estudiaba en Sudáfrica, le mandó textos a Kate. Ahora pudo devolver el apoyo. Chelsy había dejado su hogar soleado en Sudáfrica para estudiar leyes en la Universidad de Leeds, en parte para estar cerca de Enrique. Sin embargo, el príncipe de 23 años no estaba demostrando su agradecimiento. Chelsy se sentía ignorada. Kate habló con ella y le sugirió darle su espacio. No pasó mucho tiempo antes de que Enrique y Chelsy regresaran. Ambas novias de nobles se sintieron mejor después de pasar un tiempo por su cuenta. Recobraron la compostura y llevaron la relación a una mejor dirección.

Kate y Guillermo compartieron mucho tiempo en el otoño y el invierno. Ella aprendió a cazar venados en la propiedad de Balmoral y, a diferencia del el año anterior, se la pasaron juntos casi todo diciembre. Kate acompañó a Guillermo a una cacería de faisanes en Windsor, donde ayudó a recolectar las aves muertas; se fueron a patinar en hielo en Somerset House, en Londres, e incluso le dieron la bienvenida al Año Nuevo en la propiedad de Balmoral.

Sin embargo, regresó el patrón al que Kate ya estaba acostumbrada. Dos días antes de su cumpleaños, Guillermo se fue a la universidad de entrenamiento de RAF en Cranwell, Lincolnshire, que era un poco parecido a Sandhurst. Le enseñarían a volar. Tenía ilusión de convertirse en piloto de helicóptero y esto requeriría muchos años de estudio. Era un trabajo muy difícil. Los pilotos no pueden beber alcohol 10 horas antes de volar. Estaba viviendo en una residencia compartida de nuevo. El cuarto de 15 pies cuadrados con su cama sencilla no era lo suficientemente grande para que una pareja pasara los fines de semana juntos, de manera que cuando llegaban los viernes, Guillermo viajaba a Londres para pasar tiempo con Kate en Clarence House.

Ella le hacía de cenar y veían algún DVD. Estaban contentos, se sentían allegados y estaban enamorados. Llevaban una vida ordinaria muy extraordinaria. Entre semana, ella trabajaba para Party Pieces. Ayudó a lanzar una nueva compañía llamada First Birthdays, que se enfocaba, principalmente, en celebraciones para bebés. Dedicó sus horas a preparar el catálogo y a tomar las fotos.

Por tercer año consecutivo, Kate asistió al Festival de Cheltenham. Sin embargo, ahora hubo un gran contraste con el año anterior, cuando se dio el rompimiento. Esta vez se veía elegante y juvenil con una gabardina corta de Ted Baker en color azul medianoche, además de botas a la rodilla y un sombrero negro. Iba acompañada por el mejor amigo de Guillermo, Thomas van Straubenzee. Estaba contenta y se notaba.

Kate jamás había dependido de un novio para estar feliz, cuando la relación le pareció inestable, fue porque no estaba en su mejor momento. Ahora que el aire se había limpiado se sentía segura. Era tiempo de volver a florecer.

CAPÍTULO NUEVE
UN ZAFIRO DE CEILÁN

Generalmente, los príncipes de los cuentos de hadas llegan a sus princesas en un caballo blanco para declarar su amor. Sin embargo, éste era un príncipe moderno que prefería usar jeans y zapatos sin agujetas en lugar de armaduras, y portar un teléfono inteligente en vez de una lanza. Guillermo decidió que un helicóptero Chinook sería el indicado para hacer el trabajo. Desde luego, también le era útil para su entrenamiento, pero no hay manera de ignorar un gesto de esa clase. Cuando se realizó la operación, aterrizó en el campo junto a la casa de Berkshire de los Middleton, en donde Kate se estaba quedando. En su discurso como padre de la novia durante la boda, Michael Middleton dijo: "Supe que las cosas se estaban poniendo serias cunado vi un helicóptero en mi jardín. Pensé: 'Caray, mi hija debe gustarle'." En su momento, causó gran furor, pues pareció ser algo innecesario y un gasto del dinero de quienes pagan impuestos. Sin embargo, la RAF ha estado usando este tipo de recorridos de prueba por años y se incorporó en su entrenamiento, como ejercicio de práctica. Kate estuvo con Guillermo el 20 de abril de 2008 cuando le dieron sus alas, en Lincolnshire. Para demostrar que tenía un papel incluso más oficial, caminó junto a Guillermo por la base de RAF, tras haber llegado con su tía, Lady Sarah McCorquodale. Y, ciertamente, justo un mes después llegó el momento significativo. Era momento de que Kate conociera a la Reina.

Cuando asistió a la boda de Peter Phillips y Autumn Kelly en mayo de 2008, fue una ocasión importante para Kate. Ella iba a representar a Guillermo en la boda de uno de los miembros de su familia, pues él estaría ausente. Además, sería la primera vez que conocería a su abuela. Guillermo estaba fuera del país, pues lo habían invitado a la boda de su antigua amiga Jecca Craig con Hugh Crossley, en Kenia. Pero Kate se sentía lo suficientemente cómoda como para ir a la boda real por su cuenta. Se llevaba bien con la familia de Guillermo, especialmente con Enrique. Pasó mucho tiempo con él y con Chelsy. La Reina había querido conocer a Kate desde hacía un tiempo y ésta era la oportunidad perfecta —todos estaban relajados y se conocían; era un día sin la presión de un encuentro formal de uno a uno. Para esta ocasión, Kate eligió un vestido negro y vaporoso de Issa con un panel transparente al frente, acompañado por un saco ajustado rosa y un sombrero con red negra. La Reina fue hacia ella —se le acercó para platicar.

La pareja había decidido que su gran día fuera cubierto por la revista *Hello!* Después fue duramente criticada por ello. La familia real británica siempre ha indicado que no está compuesta por celebridades: son personas enfocadas en la familia y el deber. Sin embargo, la noticia de la boda se publicó junto con las entrevistas con Gisele Bundchen y Tina Hobley, Estrella de *Holby City*. El Palacio de Buckingham después admitió que había cometido un error y cuando Zara, la hermana de Peter, se casó cuatro años después, sólo se ofrecieron dos fotos oficiales a toda la prensa.

Kate también estuvo presente en un entorno formal de la realeza en el castillo de Windsor en junio, cuando a Guillermo le dieron el título de "Caballero Compañero Real de la Orden de la Jarretera". Que es la orden de caballería más antigua en el país. El título lo brinda la Reina a quienes han mostrado lealtad extrema o mérito militar. Los caballeros se reúnen cada año en el Castillo de Windsor, para integrar nuevos miembros. Después de una junta y una comida marchan hacia la Capilla de St. George donde hacen una misa. Finalmente regresan al castillo en carruajes sin techo. Guillermo se sentía orgulloso y privilegiado de ser parte de esto, aunque también tenía un poco de vergüenza por tener que usar el sombrero con plumas de avestruz y el abrigo hasta el piso que se requerían. Kate miró esta procesión con Enrique a su lado. Él se carcajeaba al ver a su hermano, mientras Kate contenía la risa y lo miraba con orgullo.

Ese verano, Kate empezó a realizar algunas labores de beneficencia, además de trabajar en el negocio familiar. En junio, una vez más, se vistió con una creación impactante que llegaba hasta el piso para el segundo baile Boodles Boxing Ball. Esta vez era un vestido en color fucsia creado por Issa, quien rápidamente se había integrado a su lista de diseñadores favoritos. Fue al baile de caridad para brindar apoyo a un amigo de la pareja, James Meade, quien estaba boxeando bajo el apodo "The Badger" y también al esposo de Jecca Craig, Hugh "The Hitman" Crossley.

Mientras estuvo ahí, Kate hizo contacto con la fundación de caridad Starlight Children's Foundation, que había sido creada por Emma Samms, Estrella de *Dinastía*. Starlight pretende cumplir los sueños de niños gravemente enfermos, así como entretenerlos en hospitales y hospicios. Esa noche, serían los beneficiarios del evento. También acudió Bianca Nicholas, que sufre de fibrosis quística; a los 15 años Starlight le cumplió un deseo y le permitió grabar un álbum. Tres años después, a Bianca se le cumplió otro deseo cuando cantó en vivo en un baile frente a casi 1000 personas, incluyendo a Kate, que estaba con Guillermo y Enrique. "Estaba cantando desde el ring de boxeo y era una persona tan bajita que la parte superior de su cabeza apenas llegaba hasta la cuerdas de boxeo de arriba", recuerda el director general de Starlight Neil Swan. "Todo el mundo estaba simplemente asombrado ante la voz tan fantásticamente poderosa de esta jovencita."

Cuando Bianca salió del ring de boxeo, Guillermo se levantó y la invitó a unirse a ellos en su mesa, de modo que pasó la mayoría de la noche sentada con él y con Kate. "La hicieron sentir como si fuera la persona más importante de la mesa", dijo Neil. "Regresó con la mandíbula hasta el suelo, diciendo '¡Me hicieron tantas preguntas!'" Estaba tan impactada por el hecho de que auténticamente se interesaron en lo que ella estaba tratando de hacer —en cómo le estaba yendo como cantante y de qué manera esto se veía afectado por la fibrosis quística. Bianca ahora trabaja para Starlight y tiene una foto de ella junto con Kate, Guillermo y Enrique sobre su escritorio. "Con eso uno se da cuenta de lo importante que fue para ella", dice Neil. También fue importante para Kate, pues se mantuvo en contacto con la organización y usó los contactos de la compañía de sus padres para trabajar en un proyecto durante los siguientes meses.

Cada diciembre, conforme se acerca Navidad, Starlight realiza unas 220 fiestas en áreas infantiles en hospitales y hospicios alrededor del país. Les proporciona paquetes de fiesta que contienen mantelería, bolsas sorpresas, alimentos, bebidas y también personas que entreguen todo esto. "Se vuelve una actividad bastante compleja para nosotros, porque estamos considerando a miles de niños", explica Neil. "Kate asumió el proyecto de ayudarnos a preparar paquetes de fiesta. Realmente fue Kate quien inició esto. Teníamos una necesidad y ella de manera muy bondadosa nos proporcionó una solución. El diseño de las piezas y el proceso de cómo tenía que hacerse —todo esto realmente dependió de ella. Esto fue en buena medida un proyecto suyo." Las bolsas sorpresas eran artículos interactivos que los niños podían colorear; contenían lápices de colores, una libreta de actividades, una caja de sellos, un muñequito y una pequeña flauta. Los artículos de fiesta tenían colores que coordinaban con los tonos distintivos de Starlight.

Además de trabajar en el proyecto de fiestas navideñas de Starlight durante septiembre de 2008, junto con su Hermana Pippa y su amiga Holly Branson, Kate asistió al evento Day-Glo Midnight Roller Disco. Se realizaba en pro de dos organizaciones de caridad: Place2Be, un servicio de orientación para jóvenes; el cual, tras su matrimonio, se volvió una de las organizaciones que patrocinaron, y el Pabellón de Tom del Hospital Infantil de Oxford, que se creó para recordar a Tom Waley-Cohen, un compañero que estudió en Marlborough y que falleció tras sufrir 10 años de cáncer en los huesos. Su hermano Sam, que asistió a St. Andrews con Kate y Guillermo, involucró a Kate en el evento. Esa noche, patinaron los padres de Tom y también patinó Kate. Ella usó shorts amarillos muy cortos y una blusa verde de lentejuelas y se cayó. Por esta razón algunos medios la criticaron por falta de dignidad; sin embargo, el evento logró recaudar 100 mil libras.

Guillermo había pasado un año en Sandhurst, un año en la armada, cuatro meses con RAF y dos meses en la naval. En otoño se anunció, con gran sorpresa, que no se iba a convertir en un noble de tiempo completo, como muchos habían creído. Iba a entrenarse para convertirse en un piloto capaz de buscar y rescatar personas. Esto requeriría un entrenamiento de 18 meses, lo que podría llevarlo a cursar alguna asignatura durante tres años si tenía éxito. Guillermo explicó que, tras entrenarse en la milicia durante casi tres años, le hubiera gustado pelear por su país, como lo había hecho Enrique el año anterior en Afganistán. Sin embargo, dado que Guillermo era el segundo en línea para el trono, era un riesgo muy grande, sería el blanco del enemigo. No sólo lo distraería del trabajo que estaba tratando de hacer, sino que lo pondría a él y a sus hombres en mayor riesgo. Dado que no pudo cumplir su deseo de pelear en la línea de combate, decidió que serviría a las personas de Gran Bretaña de diferente manera.

Era un paso distinto para quien se estaba convirtiendo en un miembro importante de la familia real. La Princesa Ana se había dedicado de tiempo completo a sus deberes reales desde los 18 años; Carlos, a los 28 años, había terminado la universidad y completado su entrenamiento militar. Esta decisión significaba que Guillermo tendría al menos 31 cuando se convirtiera en un noble de tiempo completo. Pero era necesario que se tomara este tiempo, y la Reina lo apoyó. A él le correspondería una vida de obligaciones y deberes, así que en sus veintes unos cuantos años de hacer algo que personalmente le brindara satisfacción y fuera útil, no haría diferencia en la visión global de las cosas. También significaba que Kate tendría un poco de tiempo para acostumbrarse a su posición, en lugar de apresurarse a cumplir deberes reales.

Como de costumbre, Kate y Guillermo pasaron la Navidad separados. Él tenía deberes en Sandgringham y ella estaba en Mustique, con su familia. La isla caribeña se había vuelto una de las favoritas de los Middleton gracias a su encanto a la antigua y a que era totalmente privada. Mientras que otros destinos caribeños se habían modernizado, Mustique seguía siendo aquél destino exclusivo y lujoso. Fue uno de los lugares favoritos de la Princesa Margarita y de Mick Jagger. Incluso cuando estaban de vacaciones, los Middleton se mantenían activos y pasaban su tiempo andando a caballo, jugando tenis y practicando yoga.

Kate siempre regresaba de vacaciones tan café como una mora. Tan pronto regresaba, se iba a las montañas escocesas a dar la bienvenida al Año Nuevo con Guillermo en Birkhall, la residencia en Escocia del Príncipe de Gales. Ésta era la primera vez que Guillermo y Kate pasaron el Año Nuevo en Birkhall, con Carlos y Camilla. Se fueron de cacería y comieron en familia al final del día. Camilla hizo que Kate llorara de la risa. Había pasado mucho tiempo desde que Camilla y Guillermo se habían conocido. Su madrastra no sólo se llevaba bien con él, sino también con Kate.

A diferencia de lo ocurrido en años pasados, Guillermo sí estuvo presente durante el cumpleaños de Kate. Dos años después, empezó estudiar en la Escuela de Vuelos de Helicópteros de la Defensa en la RAF de Shawbury, cerca de Shrewsbury. Esto significaba que estaban separados durante la semana, pero por lo general pasaban los fines de semana juntos. Kate dividía su tiempo entre su departamento en Londres y el hogar de sus padres, donde todavía dormía en su antigua recámara. En Londres, la pareja generalmente se quedaba en Clarence House, o Guillermo se iba a Bucklebury para pasar tiempo con Kate y su familia.

Las noches en Boujis y Mahiki eran cosa del pasado. Preferían pasar tiempo con unos cuantos amigos cercanos en cenas, fiestas o fines de semana en el campo. Los amigos de Kate y Guillermo han sido un apoyo constante e impenetrable para ambos y, por lo general, son personas que no serían reconocidas en fotografías, ni por sus nombres, pues su amistad es algo muy privado.

Kate todavía era cercana a muchas de las chicas de Marlborough, como Alicia Fox-Pitt, quien se había convertido en guía para la compañía de turismo de aventura Wild Frontiers. Ella fue quien apoyó a Kate, junto con la *Sisterhood,* cuando Kate cortó con Guillermo. Emilia d'Erlanger es una decoradora de interiores que tiene su propio negocio llamado d'Erlanger and Sloan. Es una antigua amiga de Kate de Marlborough que también fue a St. Andrews. De igual forma, asistió otra confidente que ayudó a Kate durante la ruptura. La parte Sloan de la compañía: Anna Sloan –otra contemporánea de St. Andrews con quien Guillermo se había quedado en Nashville. Emilia luego se casó con David Jardine Paterson, el hermano del ex de Pippa Middleton, JJ Jardine Paterson. Kate también seguía siendo buena amiga de otras chicas de Marlborough como Trini Foyle, Hannah Gillingham y Alice St. John Webster, así como con de su propio ex, Willem Marx, con quien todavía socializaba. Kate también tenían unas cuantas nuevas amigas, incluyendo a la chica de sociedad Astrid Harbord, a la heredera de la empresa Virgin Holly Branson y a Sophie Carter, a quien había conocido a través amigos mutuos. Guillermo también mantenía contacto con antiguos amigos de la universidad como Olivia Bleasdale, Oli Baker, Ollie Chadwick-Healy, Sam Waley-Cohen y Rupert Finch, quien se casó con una de las antiguas amigas de Guillermo, Lady Natasha Rufus Isaacs.

Había otras personas que empezaron siendo amigos de Guillermo, pero que, junto con sus parejas, también se convirtieron en amigos de Kate. Desde que nació, Guillermo fue muy cercano a los cuatro hermanos van Cutsem: Edward, Hugh, Nicholas y William. Si los describimos parecen personajes de una novela de Jilly Cooper; todos son altos, de pelo oscuro, guapos y con un gusto por las actividades en el campo. Su padre, Hugh, fue a Cambridge con el Príncipe Carlos y por ello sus hijos crecieron juntos. El Comandante van Cutsem fue quien tomó el mando de los soldados montados que estuvieron presentes en la gran boda real. Por su parte, Guillermo fue escolta cuando Nicholas se casó con Alice Hadden-Patton. Edward van Cutsem es ahijado de Carlos y fue paje en su boda con Diana. Enrique y Guillermo estuvieron en la escolta en la boda de Edward con Lady Tamara Grosvenor, y, como Guillermo, Edward está involucrado con el trabajo de conservación de vida silvestre en Lewa en Kenia, de los Craig. El más joven Hugh van Cutsem y Lady Rose Astor son padres de Grace van Cutsem, quien fue madrina en la boda de Guillermo y Kate, ella fue quien se tapó los oídos para bloquear el sonido que se escuchaba desde el balcón. Guillermo también estuvo en la escolta de su boda. Entretanto, William van Cutsem luego se casó con la ex del Príncipe Guillermo, Rossana Ruck Keene.

Otros buenos amigos incluyen a Harry Meade, que estuvo en Eton con Guillermo y que está casado con la maestra de escuela primaria Rosie Bradford. La primera vez que Kate y Guillermo llegaron juntos a una boda, fue a la de ellos, que fue poco después de que se comprometieran, pero antes de que se hiciera público. Guy Pelly y Arthur Landon eran los solteros permanentes del grupo. Arthur es uno de los hombres jóvenes más ricos de Gran Bretaña, con una fortuna que se calcula hasta en 500 millones de libras. Es cineasta y ex modelo; incluso fue una estrella infantil. Luego acompañó al Príncipe Enrique en su conflictivo viaje a Las Vegas. Guy ha sido dueño de una gama de clubes nocturnos, incluyendo el exclusivo bar de tequila: "Tontería", donde Guillermo y Enrique asistieron a la fiesta de soltero de Thomas van Straubenzee.

Conocido como 'Van', Thomas es probablemente el amigo más cercano de Guillermo. Su tío Willie fue amigo de Diana, y los jóvenes se han conocido desde pequeños. Fueron juntos a Ludgrove y a Eton. Thomas se comprometió con Lady Melissa Percy, cuyo hermano George fue compañero de departamento de Pippa Middleton en Edimburgo. Su hermano menor, Henry, fue quien murió en aquél accidente automovilístico cuando Guillermo estaba en St. Andrews. Tanto Guillermo como Enrique decidieron patrocinar la institución de beneficencia que se estableció en su memoria. También fue Thomas quien escoltó a Kate cuando fueron a las carreras de Cheltenham un año después de su rompimiento, y se sentó junto a Guillermo en el concierto de Diana. También los ha acompañado en días festivos y, junto con el Príncipe Enrique, ofreció un discurso en la boda de Kate y Guillermo.

Kate realmente fue bienvenida en la realeza. Había representado a Guillermo en eventos familiares, lo había acompañado en ocasiones formales, incluyendo su graduación de Sandhurst y la ceremonia de la Orden de la Jarretera, y había vacacionado con Carlos y Camilla. Era una compañera aparentemente impecable para Guillermo, pero en el verano de 2009 le surgió un problema de la nada: su tío había estado involucrado en una compleja treta de la prensa.

El 19 de julio, el país se despertó y se encontró con alarmantes encabezados en el periódico dominical de escándalos *News of the World*. Hablaba de Gary Goldsmith, el tío de Kate. A ella le habían avisado un día anterior que el artículo se publicaría; no había nada que hubiera podido hacer al respecto. En todos los puestos de periódicos estaba encabezado: "¡Le dije a Guille que era un p****jo!" En el interior, el extenso artículo aseguraba que Gary le había ofrecido cocaína al reportero, así como el número telefónico de una mujer que podía proporcionar prostitutas.

Gary fue víctima del famoso "jeque falso" del periódico. Mazher Mahmood, quien ya había engañado antes a Sofía, Condesa de Wessex, y luego a Sarah, Duquesa de York. En su casa de Ibiza, Gary le dijo al reportero, quien ocultaba su profesión, cómo fue que Guillermo y Kate lo habían ido a visitar y que, al jugar un juego, Guillermo rompió uno de sus adornos de vidrio en forma de pirámide, lo que había dado lugar al encabezado con la palabra soez. Sin embargo, no sólo eran preocupantes las afirmaciones, sino el hecho de que Gary fuera tan abierto con respecto a su sobrina y a su novio ante alguien que acababa de conocer –ya fuera reportero o no. Si le estaba diciendo estas cosas a un hombre, sería posible que también fuera indiscreto con otras personas. Sin embargo, los Middleton y la familia real sabían que todo el mundo comete errores y que no son tan importantes los errores que se cometan sino la forma en que se les enfrenta. Gary siempre había sido el alocado de la familia, pero Carole adora a su hermanito, y Kate y sus hermanos siempre han tenido mucho cariño por su tío.

"La primera llamada que recibí fue de Carole, de parte de la familia", le dijo Gary a la revista *Hello!*, "Simplemente se disculpó y dijo que esto no hubiera pasado de no ser por el hecho de quién era la persona con la que Kate estaba saliendo". También explicó que se habían reído respecto a las pirámides de vidrio rotas cuando se volvieron a ver la siguiente ocasión, y que Guillermo había culpado a James Middleton, quien también estaba ahí. El Príncipe Carlos llamó a Kate para asegurarle que no había nada de qué preocuparse. Guillermo se mostró muy protector con su novia y su familia. Para el príncipe, fue otro motivo para que la prensa le desagradara todavía más. Estaba más enojado con los periodistas que con Gary. Por su parte, Gary se sentía mal por lo que había pasado y voló a su casa de Londres para ser más discreto. Se mantuvo callado y tres años después lo invitaron a la boda real.

Ese año Kate continuó con su trabajo con Starlight. Apoyó un proyecto de arte infantil que culminó con una exhibición y un evento de gala para recaudar fondos. Recientemente se había unido al pequeño comité para niños de Maggie & Rose que había sido co-fundado por su amiga Rose Astor. Laura Parker-Bowles, hija de Camilla, la duquesa de Cornualles, también fue integrante del comité.

Invitaron a muchos niños, tanto sanos como enfermos, a asistir a cursos que se celebraron a lo largo de la primavera y el verano en las instalaciones de Maggie & Rose. En cada taller participaba un artista distinto, algunos ya célebres, otros incipientes. Animaban a los niños a crear sus propias obras al estilo de cada artista. Se habían acercado a Starlight para que se involucrara con su proyecto.

El 28 de septiembre, el arte de los niños se mostró en la galería Saatchi de Londres. Durante días se montaron grandes carpas enfrente de la galería, donde los niños estaban invitados a crear más obras de arte. El director general de Starlight, Neil Swan, explica: "Como integrante del Comité, Kate estaba en una de las carpas. Realmente fue bonito que los niños y sus padres entraban y salían de las diferentes carpas todo el día, participaban en las distintas actividades que estábamos realizando; no creo que alguien se haya dado cuenta de que en una carpa en particular estaba Kate. Simplemente estaba haciendo lo suyo, ayudando a entretener y animar a los niños. Fue sumamente informal, y ella estaba esforzándose como un miembro más del equipo."

Luego, en la noche, Kate cambió por completo y se puso un vestido de Issa largo, gris metálico y con un gran escote para el evento de gala de recaudación de fondos. A los asistentes se les invitó a mirar las obras de arte durante una recepción con champaña. También subastaron varias piezas exhibidas, incluyendo una mecedora personalizada de Vivienne Westwood. Como integrante del comité de Maggie & Rose, Kate fue anfitriona de una mesa, en la que también estuvo su madre Carole, quien ofreció pagar 8 mil libras por unas vacaciones para esquiar. Luego, cuando todos tomaron sus asientos, Guillermo discretamente entró y se sentó junto a Kate. Esa noche era de ella, y él estaba ahí para apoyarla.

En diciembre, Kate se involucró también en un evento de la organización creada en memoria de Henry van Straubenzee. Guillermo y Enrique se habían vuelto patrocinadores de esta organización de caridad, instaurada por sus padres, para recaudar fondos que ayudaran a incrementar la calidad de la educación en escuelas de Uganda. La noche del evento, Kate ayudó a decorar el salón y a limpiarlo cuando terminó.

Al principio de 2010, Kate celebró su cumpleaños 28 con Guillermo y con su familia en Bucklebury. Unos cuantos días después hubo razón para celebrar una vez más: Guillermo terminó su curso avanzado de entrenamiento para volar helicópteros. Kate estuvo a su lado cuando se graduó. Poco después, Guillermo se mudó a Anglesey para iniciar un curso de ocho meses en RAF Valley, en donde aprendería a volar los helicópteros Sea King que se usan para rescates. La pareja se fue a esquiar en Courchevel, Francia, con los

Middleton e hicieron carreras alrededor de la zona del hotel en carritos para la nieve. Algunos notaron que Guillermo le decía "Papá" a Michael y que él y Kate se daban la mano debajo de la mesa.

Al regresar, Kate también empezó a pasar mucho más tiempo en Anglesey. Allí encontraron un estilo de vida que a ambos les agradó. La isla de Anglesey está situada en la punta norte de Gales, y está unida a la tierra a través de dos puentes de suspensión. Ahí también se ubica el famoso pueblo que tiene el nombre más largo en Gran Bretaña: Llanfairpwllgwyngyllgogerychwyrndrobwllllantysiliogogogoch, lo cual al traducirlo significa más o menos: "La Iglesia de Santa María en el hueco de un avellano blanco cerca de un veloz remolino y cerca de la iglesia de San Tysilio cerca de la cueva roja." Bello y alejado de todo, Anglesey tiene una gran costa, y ofrece grandes vistas panorámicas del mar irlandés. En el centro hay amplios campos con borregos grandes y lanudos, arbustos enredados, árboles antiguos, paredes de piedra y edificios viejos y recubiertos de hiedra que se están cayendo. Guillermo había estado ahí con su padre cuando tenía 21 años, cuando fueron a una feria de comida local y Guillermo había preparado hamburguesas. También se había entrenado aquí como parte de su programa de experiencias laborales de 2005. Se había identificado con este lugar.

Parecido a St. Andrews, Anglesey es ventoso y salvaje. También era un secreto bastante bien guardado –muy romántico, con largas playas arenosas y la posibilidad de mirar el cielo sin estorbo. A Kate siempre le gustaba estar al aire libre, así que pudieron aprovechar al máximo su entorno. Una vez más, se acostumbraron al sonido de las gaviotas, pero mientras que St. Andrews era una comunidad estudiantil y una activa escena social, Anglesey era un lugar remoto, con una dudosa cobertura de teléfono y hogares tan separados que con frecuencia se requería un auto para llegar al más próximo. Sin embargo, también hay un estudio de grabación en Anglesey, así que, además de acostumbrarse a ver a la realeza en el supermercado y en los pubs locales, los lugareños también veían de vez en cuando a integrantes de One Direction o The Wanted en su entorno rural oculto.

Kate y Guillermo rentaron una casa tipo granja pintada de blanco y con cinco recámaras en la propiedad Bodorgan por 750 libras al mes, que le pagaban a Sir George y Lady Mayrick. Esto significaba que estaban viviendo en propiedad privada, con sus oficiales de protección dentro de los edificios circundantes al hogar. Estaban rodeados por densos bosques y el único acceso era por un camino privado, lo que les parecía ideal. La casa tipo granja está ubicada justo al lado de la playa. La propiedad permitía seguir venados, pescar y cazar. Les encantaba aprovechar todo lo que ofrecía, así como tomar largas caminatas y comer los domingos con los Meyrick.

En su trabajo, Guillermo rotaba turnos con sus colegas, lo que significaba que cada mes trabajaba 24 horas de corrido en ocho ocasiones. Estaba instalado en su base cuando se encontraba de guardia, de manera similar a un bombero en una estación de bomberos. Tenía que estar listo para salir rápidamente si llegaba una llamada de auxilio. El equipo de búsqueda y rescate básicamente era el cuarto servicio más importante de emergencias: se hacía cargo de accidentes relacionados con el mar y la costa. Podían rescatar un barco que se hubiera volteado, a alguna persona perdida o lastimada, así como a algún trabajador en un barco petrolero, a alguien en comunidades remotas que hubiera sido afectado por inundaciones o a cualquiera que estuviera perdido en altamar. Él pertenecía a un equipo de cuatro personas. Cuando llegaba la llamada, podían estar en el aire en quince minutos si era de día o 45 minutos si era de noche.

Durante los siguientes años, mientras vivieron en este lugar, Kate se encargó de todo lo relacionado con el hogar. A diferencia de otros nobles anteriores a él, Guillermo no tenía personal doméstico, y Kate se ocupó de todo. Hacia su compra en las tiendas Waitrose, Tesco y Morrisons de la zona, pero también le gustaban las frutas y verduras locales. Siempre había sido conocida como una magnifica cocinera, y ahora estaba afinando su habilidad y experimentando con nuevos platillos. Visitaba al carnicero de la zona para comprar hígado y usarlo para salsa, o compraba pollo para hacerle a Guillermo su cena favorita. También empezó a preparar sus propias salchichas. Le encantaban los libros de cocina de Mary Berry y le gustaba preparar golosinas dulces, incluyendo brownies de chocolate, los favoritos de Guillermo, así como pasteles para él y sus colegas, uno de los cuales declaró que estaban "bastante buenos". También se surtía de frascos para mermelada en la tienda de manualidades local y los usaba para conservas de fresas y ciruelas hechas en casa, que más tarde servían de regalo de Navidad para la Reina.

Cuando estaba en la casa en la noche, a la pareja le gustaba ver *The X Factor* y *Downtown Abbey*, o veían los DVDs de *The Killing* después de que Camilla se los recomendó. Jugaban Scrabble o iban a caminar en su playa privada. Recorrían la isla y el área vecina a bordo de la motoneta de Guillermo, lo que les brindaba la posibilidad de ser anónimos. Uno de sus lugares favoritos era el pub "White Eagle" que estaba cerca en Rhoscolyn, tenía la reputación de ser uno de los mejores pubs de la isla. Era tranquilo, con una chimenea, con mesas y sillas que no hacían juego. Mientras que Guillermo pedía hamburguesas caseras con papas y cerveza, Kate prefería pescado o ensalada con vino blanco o agua mineral. También iban a Seacroft en la bahía de Trearddur, y en el otro lado de la isla, en Beaumaris, comían en Ye Olde Bulls Head. También iban al cine en Llandudno Junction.

Guillermo salía por su cuenta más seguido que Kate, pues tenía que socializar con sus colegas, pero cuando Pippa iba de visita, las dos hermanas se iban a caminar en la playa de la isla Llanddwyn. Kate también fue a una feria de antigüedades en la zona de exhibiciones Mona donde regateó el precio de unos jarrones japoneses tipo Imari del siglo XIX, de modo que se lo redujeron de 180 libras a 160. Cuando Guillermo completó exitosamente su entrenamiento en septiembre de 2010, fue motivo de una gran celebración. Kate con paciencia lo había apoyado durante los últimos tres años mientras ella trabajaba sin hacer ruido y no se quejaba de no tener título nobiliario, pero ambos sabían lo que venía. También sabían que, aunque les esperaban muchas cosas buenas, tendrían una vida con más compromisos y menos tiempo para estar solos.

Habían hablado de casarse y sabían que iba a pasar, pero todavía no era el momento correcto… Hasta ahora, ambos sabían que eran una buena pareja. Habían tratado estar separados y no funcionó. Sabían que querían pasar el resto de sus vidas juntos. "Nos topamos con algunos obstáculos, como sucede en toda relación", explicó él durante su entrevista con motivo del compromiso. "Pero seguimos adelante y de repente pasa que tienes algún problema esporádico cuando apenas se están empezando a conocer, pero todo eso ya pasó y ahora realmente queremos estar el uno con el otro y es muy divertido."

Animado por esos sentimientos, pero también detenido por los nervios, Guillermo decidió que había llegado el momento en que tomaran unas vacaciones el siguiente mes. Quería que fuera algo especial para Kate, y Kenia era uno de los lugares más hermosos que había visto. Siempre le había encantado África, ahí se sentía completamente anónimo, como si a nadie le importara realmente quién era. Había ido por primera vez en 1998, con Enrique y los van Cutsems y habían conocido a los Craig, quienes habían convertido su reserva entera, de 61 mil acres, en un santuario para rinocerontes, que ahora se llamaba la "Reserva de

Vida Salvaje", y que surgió debido a que los elefantes y los rinocerontes habían sido atacados por cazadores ilegales. Guillermo había regresado a Kenia en su año libre y se había quedado con los Craig, con quienes también trabajó. Fue entonces que se involucró con Tusk Trust, una organización de caridad que pretendía conservar la vida salvaje y educar a la gente del área en cuanto a la conservación. Él había llevado a Kate ahí después de que habían terminado la Universidad y también a ella le había encantado. África provocó un profundo impacto en él desde la primera vez que pisó la tierra roja del país. Ahí era donde quería proponerle matrimonio.

Cuando llegaron, los novios se quedaron con los Craig en Lewa durante la primera parte del viaje. Dedicaron parte de su tiempo a manejar alrededor de la propiedad para ver elefantes y rinocerontes. Kate y Guillermo pasearon solos la siguiente parte del viaje. Guillermo, sin que Kate lo supiera, llevaba en su mochila el invaluable anillo de compromiso de su mamá. Manejaron hasta la Rutundu Lodge, con una vista hacia el Lago Rutundu –eran dos simples cabañas de madera ocultas en el Monte de Kenia, que es increíblemente remoto y tiene vistas espectaculares de picos nevados y bosques. En esa época del año el escenario era más similar a las partes altas escocesas. Las noches eran frescas, ideales para fogatas y velas.

Aquí, la gente se atiende sola, por lo que la pareja llegó con una caja de provisiones. Se fueron a pescar truchas en el lago en un barco viejo, pero no lograron capturar ninguna. Esa noche, después de que Guillermo cocinó la cena, se sentaron frente a una fogata, con tazas de té y lámparas de parafina a prueba de huracanes. A los huéspedes se les pedía que se mantuvieran en interior cuando anochecía, por si acaso hubiera algún animal salvaje merodeando. Estar adentro era tan cómodo que no había necesidad de salirse. Los pisos de madera estaban calientes y suaves gracias a tapetes, y compartían una cama de madera techada. En la mañana, los despertó un ave que picoteaba en la ventana y se levantaron temprano. Guillermo hizo el desayuno y se fueron a otro breve paseo de pesca antes de salir del hotel a las 10 de la mañana.

En cierto momento durante su estadía, se fueron más al norte hasta el Lago Alice, que está en un volcán que se extinguió y está perfectamente silencioso. Lo rodean frondosas colinas verdes y el pico nevado del Monte de Kenia, con pequeñas piedras volcánicas que sobresalen de la superficie del lago turquesa. Se cree que aquí, con absoluta privacidad y rodeados de la naturaleza, fue donde Guillermo le propuso matrimonio.

El anillo que puso en el dedo de su amada es quizá el más famoso de la historia. Una delgada banda de oro blanco de 18 quilates, con un zafiro de Ceilán de 12 quilates en forma ovalada, rodeado por 14 diamantes. En 1981, después de que Carlos le había propuesto matrimonio, Diana recibió una selección de anillos por parte del joyero real, Garrard of Mayfair, y eligió el de zafiro, que en esa época costaba 28500 libras.

Después de que Kate aceptó la propuesta de Guillermo, la pareja se regresó a Lewa. Fue la primera vez que Kate visitaba esa parte de África, y en el libro de visitantes escribió: "¡Gracias por estas 24 horas tan maravillosas! Desafortunadamente, no encontramos peces, pero nos divertimos al intentarlo. Me encantan las fogatas cálidas y las luces de las velas –¡tan románticas! Espero regresar pronto. Catherine Middleton."

La pareja recién comprometida guardó el secreto durante un tiempo y regresó al Reino Unido para pasar tiempo en Escocia antes de comenzar a darle la noticia a sus amigos y familia. Guillermo habló primero con Michael Middleton, para pedirle permiso, pero cuando Kate vio a su mamá, no supo que ya le habían dicho. "Fue una situación bastante incómoda, porque yo sabía, y sabía que Guillermo le había preguntado a mi papá, pero no sabía lo que mi mamá sabía…", recordó Kate en entrevista con motivo del compromiso. "Mi mamá no dejó en claro si sabía o si no, ¡así que las dos nos quedamos viendo y nos estábamos sintiendo bastante incómodas!" Cuando Guillermo le dijo a Enrique, se emocionó y le dijo: "Tengo una hermana."

La noticia todavía no se había hecho pública, aunque algunos notaron que al ir a la boda de, Harry Meade, un amigo de Guillermo, llegaron juntos, algo raro para la pareja. Estaban listos para dar el aviso, pero el 2 de noviembre llegó la triste noticia de que había fallecido Peter Middleton, el abuelo de Kate. Era el último abuelo que le quedaba. Kate vivió su luto y brindó apoyo a su padre y al resto de su familia. Pasaron tiempo juntos y asistieron al funeral de Peter el 12 de noviembre. Luego, pudieron pasar a noticias más alegres, hacer su aviso al público.

El 16 de noviembre de 2010, el perfil de Twitter del Palacio de Buckingham anunció: "La Reina y el Duque de Edimburgo están absolutamente encantados ante la noticia del compromiso del Príncipe Guillermo y Catherine Middleton." La prensa estaba reunida en el Palacio de St. James, que es el palacio real más antiguo en el Reino Unido. Para el aviso, Kate eligió el inmediatamente identificable vestido de Issa en jersey de seda color azul medianoche, y un delicado collar de lapislázuli y diamante de Tiffany. Ella y Guillermo también grabaron una entrevista con Tom Bradby —el corresponsal de política de ITV que había grabado algunas actividades del año libre de Guillermo, así como un documental con Enrique para incrementar la conciencia respecto a la vida en Lesoto, África.

Para la mayoría del público —y de la prensa— fue la primera vez que escuchó a Kate, que pudo ver cómo se comportaba y observar cómo interactuaba con Guillermo. "Kate estaba muy nerviosa, muy, muy nerviosa y se comprende", Bradby le comentó a Penny Junor para su libro *Príncipe Guillermo: Nacido para ser rey.* "Sabía que todos tenían curiosidad, nadie la había escuchado hablar y probablemente iban a decidir lo que pensarían sobre ella por el resto de sus vidas con base en lo que dijera en los siguientes 20 minutos."

No tenía razón para preocuparse. Aunque estaba nerviosa, se notó que era cálida, auténtica y de buenos sentimientos. Era evidente la química entre la pareja al reír y bromear. "Ese día fue muy especial", recuerda la corresponsal de la realeza del *Sunday Express*, Camilla Tominey. "Pensamos que iba a ser una sesión de fotos y posiblemente una oportunidad para preguntas y respuestas. No teníamos idea que íbamos a tomar el té con la pareja. Un instante estamos pensando en qué preguntar, y al siguiente instante yo tenía una taza de té en la mano y estaba hablando con Kate. Pronto salió a la conversación el tema de la famosa pieza de joyería que Kate estaba usando ahora. 'Cuando la conocí, lo primero que noté fue el anillo', continúa Camilla. 'Pensé que podría ser de la princesa de Gales, pero no estaba segura', así que lo señalé y le dije 'Eso parece una joya de la familia.' Y respondió: 'Sí, era de la mamá de Guillermo, así que es muy especial.' Fue una manera tan modesta de decirlo, que casi me desmayo."

La pareja regresó a Clarence House, que estaba cerca, para tomar un trago, celebrar y relajarse —ya habían hecho el aviso público y estaban aliviados. Durante ocho años, Kate había sido observada y escrutada y, lo peor, seguida, acosada y vuelta víctima de burlas, pero el compromiso lo cambió todo. Como Kate había sido una persona de bajo perfil que poco a poco ganó importancia en la vida formal de Guillermo. Había estado debajo del radar del público hasta este momento. Cuando se dejó ver, con su vestido de seda en azul medianoche, su cabellera esponjosa y su anillo en el dedo, encaró una fila de cámaras de los fotógrafos y se volvió una de las mujeres más famosas del mundo.

De inmediato, se le brindó seguridad de día y de noche, y se le asignaron sus propios oficiales policiacos de protección. Ella estaba acostumbrada a la gente de seguridad de Guillermo y, por lo general, eran una presencia que no estorbaba. Usaban trajes apropiados para mezclarse con su entorno, con una pistola oculta en la parte baja de su espalda. Todos los oficiales de protección de la familia real habían trabajado en la policía. Cuando un oficial era seleccionado, necesitaba tomar múltiples cursos para dominar el manejo avanzado, los primeros auxilios, la buena condición física y la habilidad en armas de fuego. Si pasaban, entonces tomaban el curso nacional de guardaespaldas, donde se les enseñaba la importancia de las habilidades personales; la gente a quien cuidaba debía confiar en ellos, de modo que necesitaban poder establecer una buena relación. A Kate se le asignó un equipo de tres personas –el detective sargento Ieuan Jones, que había sido parte del equipo de protección del Príncipe Enrique, y un par de oficiales femeninas: la inspectora Karen Llewellyn, que anteriormente tuvo al frente del equipo que protegía a las princesas Beatriz y Eugenia, y la sargenta Emma Probert –a quienes pronto apodaron Cagney y Lacey.

La oficina privada de Guillermo también organizó una serie de juntas secretas en las que Kate se reunió con miembros destacados del hogar real, consejeros clave de Guillermo y Enrique así como representantes de algunas de las instituciones de caridad de Guillermo, para que aprendiera del trabajo que tendría que hacer. Guillermo regresó a trabajar, mientras que Kate, intermitentemente, estuvo con sus padres en los siguientes meses mientras planeaba la boda con su hermana Pippa. Dos años antes, Pippa había trabajado con los organizadores de eventos Table Talk y, recientemente, había colaborado con los coordinadores especializados en bodas Blue Strawberry, de modo que era la compañera de planeación perfecta para la futura novia. De hecho, si hubo algún momento para que los conocimientos del negocio familiar de los Middleton sirvieran, fue éste. El espíritu que motivaba este negocio era la idea de celebrar al máximo cualquier ocasión, de manera que si tomaban un papel clave, el evento sin duda incluiría muchos toques personales.

Se dieron a conocer un par de fotografías de compromiso para conmemorar el evento; las tomó el fotógrafo peruano Mario Testino, una superestrella. La pareja posó en el Palacio de St. James con atuendos que se complementaban, mientras que una música relajante les permitió tranquilizarse. Testino ya era famoso por sus asombrosos retratos de Diana, la madre de Guillermo, de Kate Moss y de Angelina Jolie. Guillermo también lo había elegido para tomar sus retratos oficiales en conmemoración de su cumpleaños número veintiuno.

Las fotos de Guillermo y Kate son para los libros de historia. Las elecciones de Kate en cuanto a su ropa le han ganado admiración de los seguidores de la moda. Para la imagen formal, Guillermo optó por un traje azul marino, una camisa blanca y una corbata, mientras que Kate usó un vestido color crema de Reiss. Para la imagen más relajada en la que se abrazaban, Guillermo eligió un suéter café claro sobre una camisa blanca de cuello abierto, mientras que Kate seleccionó una blusa blanca de Whistles. Con ambos atuendos usó aretes de topacio de Links of London.

La pareja estuvo separada en Navidad, pues Guillermo estaba de guardia, pero en enero siguieron adelante a todo vapor, sólo faltaban cuatro meses para la boda. La fecha que eligieron, el 29 de abril de 2011, cayó en viernes y el gobierno la declaró día festivo público. Todo el país estaba entusiasmado con la ocasión, casi tanto como la propia pareja. Guillermo recibió una lista de cientos de personas que necesitaba invitar a la boda y sintió que el estómago se le iba el suelo. La ocasión sería 100 por ciento formal, sin cabida para invitados personales o toques especiales. Habló con la Reina, quien le sugirió romper la lista e invitar a sus amigos.

Conforme pasó el tiempo, comenzaron las especulaciones respecto al diseñador del vestido de boda, que se estuvo realizando absoluto secreto. Ya había especulación entre la prensa con respecto a cómo luciría, pero si se supiera de antemano quién era el diseñador, existía la posibilidad real de que alguien pudiera adivinar casi exactamente cómo sería su aspecto y publicar el diseño en los periódicos, y Guillermo lo vería. Ésta era una boda tradicional y Kate deseaba sorprender al novio.

En febrero, ella y Pippa se fueron a una comida de chicas junto con Camilla y su hija, Laura, en el restaurant Koffman dentro del destacado hotel londinense The Berkeley. La comida duró tres horas y Kate concluyó la suya con el famoso *suflé* de pistache que prepara el restaurante. Las integrantes del grupo estaban riendo, bromeando y hablando al mismo tiempo. A los meseros se les dificultó hablarles. En cierto momento, Kate bromeó respecto al buffet de la boda y dijo que podían comer pizza, mientras que Camilla dijo que las banderillas de salchicha también podrían funcionar.

Al final de febrero, Guillermo y Kate realizaron juntos su primera actividad oficial. La mayoría de las actividades reales pueden dividirse en tres áreas clave: representar al país, hacer labor de caridad y conservar las tradiciones reales. Estas actividades oficiales son increíblemente importantes; permiten que la familia se integre a las demás personas, y debido a las fotografías coloridas que generalmente acompañan la historia, atraen la atención a lo que sea que estén haciendo ese día. Incluso ahora que está a la mitad de su octava década de vida, la Reina realiza una inmensa cantidad de actividades, frecuentemente llegan a ser más de 400 al año, mientras que el Príncipe Carlos con regularidad realiza entre 500 y

600. Las oficinas reales cada año están inundadas con todo tipo de propuestas; cada una debe ser evaluada y luego rechazada o aceptada con mucho cuidado. Ahora que Kate iba a ser oficialmente una integrante más de la familia, se preparó un manojo de actividades que podía realizar junto con Guillermo antes de su boda.

Para su primera actividad oficial juntos, Guillermo y Kate lanzaron un barco salvavidas en Anglesey, donde vivían. Por la elección de ropa de Kate se notó que realizaría gestos diplomáticos, ya que se puso un tocado que incluía la insignia de los Fusileros Reales de Gales. Chris Jackson, que trabaja para la agencia de fotografías Getty Images y ha fotografiado a la familia real durante los últimos 10 años, recuerda: "Me acuerdo con claridad cuando Kate se bajó del coche hacia la calle de Anglesey. Su distinción y seguridad eran claras. Ya no había aquel ligero nerviosismo que vimos cuando se anunció el compromiso. Obviamente había pasado las semanas previas entrenándose y recibiendo consejos de cómo manejar estas ocasiones."

Al día siguiente la feliz pareja regresó a su antigua Universidad de St. Andrews para lanzar su petición de caridad con motivo de su aniversario 600. Se pararon afuera de St. Salvators, justo donde Kate se había parado cuando tuvo esa pelea de espuma el primer año en la que usaba colitas y llevaba puesto papel de baño. Esta vez, ocho años después, iba vestida con un traje escarlata y una falda de Luisa Spagnoli. Llevaba puesto el anillo de compromiso de la princesa de Gales.

En marzo, Kate y Guillermo completaron su lista de visitas, que incluyeron los países del Reino Unido. Tras una recepción de bajo perfil para el Fideicomiso para el Cáncer en Adolescentes en Norfolk, Inglaterra, Anglesey en Gales y St. Andrews en Escocia, se dirigieron hacia Belfast, en Irlanda del Norte, a celebrar Shrove Tuesday, el día previo al Miércoles de Ceniza. Ahí cocinaron los hot cakes que se acostumbra servir en esa fecha.

Como Kate no provenía de una familia aristocrática, no tenía un escudo heráldico. Eso necesitaba corregirse, pues necesitaría uno para cuestiones oficiales. Lo diseñó el Colegio de Armas en azul, rojo, y dorado, e incluyó bellotas que representaban los robles que abundaban en el condado donde estaba su hogar en Berkshire. Específicamente, se incluyeron tres bellotas, para representar a los tres chicos Middleton. El adorno dorado en el centro significaba el apellido de soltera de Carole, Goldsmith. Las delgadas líneas blancas en ambos lados se asemejan a los picos, para demostrar el amor de la familia por las montañas de Lake District y el esquí. El nuevo escudo se reprodujo en la parte trasera del programa de la boda, mientras que el de Guillermo iba al frente.

Una discreta fiesta de soltera se realizó en la casa de una amiga. La organizó Holly Branson. Asistieron unas cuantas amigas, incluyendo a Rose Astor, Alice Haddon Paton, Olivia Bleasdale, Alicia Fox-Pitt y Astrid Harbord. Por último, antes de la boda, a Kate la confirmaron en la Iglesia de Inglaterra. Cuando llegara a ser reina, estaría casada con la cabeza de la Iglesia de Inglaterra, de modo que necesitaba la confirmación. El Obispo de Londres, Richard Chartres, era amigo de la familia real dado que había ido a Cambridge con el Príncipe Carlos. El llevó a cabo la ceremonia de bajo perfil, que se realizó en la Capilla Real dentro del Palacio de St. James. Sólo acudieron Guillermo y la familia de ella.

La siguiente vez que ella se paró en una iglesia fue enfrente de tres mil millones de personas.

CAPÍTULO DIEZ
"SÓLO UNA BODA SENCILLA EN FAMILIA..."

La Princesa Anne y el Capitán Mark Philips habían estado juntos 15 meses cuando se casaron. Para el Príncipe Andrés y Sarah Ferguson fueron 12 meses, mientras que para el Príncipe Carlos y Lady Diana fueron nueve. Estas bodas reales habían sido cuestiones vertiginosas, y todas, tristemente, terminaron en divorcio, así que cuando fue turno del Príncipe Eduardo, él y su novia Sophie Rhys-Jones aprendieron del pasado y pasaron seis años juntos antes de casarse. Kate y Guillermo siguieron el ejemplo, y para cuando hicieron sus votos matrimoniales llevaban juntos más de ocho años. Habían atravesado rompimientos, periodos de luto, escrutinio, críticas y escándalos. Su relación no sólo había sobrevivido, sino que había florecido –desde los inicios modestos en viviendas universitarias hasta una gran declaración de amor a miles de millas de distancia, en las montañas de África. El 29 de abril de 2011, había llegado su gran día.

El 29 de abril es el día para festejar a Sta. Catalina. El día del mes coincidió con el de la boda de los padres de Guillermo; ellos se habían casado 30 años atrás, un 29 de julio. Al integrarse la familia real, Kate había sellado su destino y eventualmente se convertiría en la sexta Reina Catalina. Catalina de Valois se había casado con Enrique V; Catalina de Aragón, Catalina Howard y Catalina Parr estuvieron casadas con Enrique VIII, y Catalina de Braganza fue esposa de Carlos II. Guillermo eventualmente sería el quinto Rey Guillermo. Sin embargo, por lo pronto, Kate y Guillermo ya tenían bastantes nuevos títulos. En la mañana de la boda, la reina los nombró Duque y Duquesa de Cambridge (cuando estén en Inglaterra y Gales), Conde y Condesa de Strathearn (cuando estén en Escocia) y Barón y Baronesa Carrickfergus (cuando estén en Irlanda del Norte).

La boda, naturalmente, fue motivo de gran celebración, estilo y tradición. Involucró a la Abadía de Westminster, al Arzobispo de Canterbury, la realeza de todo el mundo y a tres mil millones de personas que observaron. Sin embargo, los tiempos realmente habían cambiado desde los días en que se casaron los propios hijos de la Reina. En su autobiografía, Sarah, la Duquesa de York, dijo con respecto a su desayuno de bodas: "Esa comida fue elegante, correcta y aburrida." Agregó: "Toda esa formalidad estaba bien, pero yo quería ser una novia normal, quería que el padrino de Andrés se levantara y dijera un discurso chistoso…"

Por su parte, la boda de Kate y Guillermo tenía que cuidadosamente amalgamar una celebración del país entero, como corresponde a la segunda persona en línea para el trono, con un día personal para la feliz pareja y sus familias, lo que reflejaba que la familia real se estaba adaptando a los tiempos actuales. En lugar de llegar a la Abadía en un carruaje, tanto Kate como Guillermo optaron por coches. También prepararon su propia oración de bodas, en la que le pidieron a Dios "ayúdanos a poner los ojos en lo que es real e importante en la vida" y "ayúdarnos a servir y reconfortar a aquellos que sufren". En vez de un desayuno formal en el Palacio de Buckingham, se realizó un buffet, y la lista de invitados se volvió más pequeña y menos formal conforme avanzaba el día, de modo que culminaría con una cena y un baile en la noche sólo para la familia cercana y los amigos.

Personas con buenos deseos habían volado a Londres desde todas partes del mundo, y empezaron a ocupar las calles alrededor de la Abadía y de Clarence House con tres días de anticipación. Una noche antes de la boda en las calles había la sensación de un festival musical; había filas de tiendas de campaña en las banquetas que a veces parecían campamentos enteros. La gente se puso tiara o máscaras de cartón de Kate y Guillermo. Incluso había un perro de la raza King Charles spaniel con un velo. Algunas personas, fiesteras, se levantaron temprano a comer un huevo y beber vino en vasos de plástico, otros llevaban termos de té y se abrigaron para protegerse de las lloviznas de abril con banderas y sudaderas del Reino Unido. Mientras que otras instalaron mesas para picnic y bebieron champaña. Una mujer durante varios días usó el mismo traje para bodas en color durazno con sombrero de plumas y guantes blancos mientras saludaba a las cámaras. Incluso la entrevistaron equipos de televisión. Los taxistas manejaron despacio con las ventanas abajo para tomar fotos con sus teléfonos celulares y varios helicópteros sobrevolaban la zona.

Los Middleton viajaron desde Barkshire y reservaron los 71 cuartos del hotel Goring por tres noches. El hotel había sido el favorito en Londres de la Reina Madre, y todavía lo es. Sigue siendo propiedad de la familia Goring, que lo fundó hace 100 años. Se ubica cerca del Palacio de Buckingham y posee la elegancia atemporal de una era del ayer. Mientras que muchos destacados hoteles de Londres se esfuerzan por brindar una sensación contemporánea relajada, el Goring prefiere un aire grandioso y formal. Cuando Carole, Michael, Pippa y James llegaron dos días antes de la boda, lo hicieron en medio de una tormenta de flashes de las cámaras. Había iniciado la cuenta regresiva. Kate llegó al hotel al día siguiente, con su propia explosión de flashes de las cámaras, y se quedó ahí la noche previa su boda.

La especulación en cuanto al diseñador del vestido de Kate había llegado al máximo. Cuando una figura envuelta en un abrigo gigante con el gorro puesto salió de un coche y mostró sólo una zapatilla de ballet, los periódicos se encontraron con su única pista: ¿A quién le pertenecía esa zapatilla de ballet?: Mientras tanto, Guillermo y su padrino de bodas, el príncipe Enrique, pasaron la noche en Clarence House con su padre y Camilla. Cuando oscureció, Guillermo tuvo la idea de ir con Enrique a las multitudes para conocer a algunas personas que habían estado acampando. Fue un gesto muy moderno por parte de un integrante de la familia real, y muy típico de Guillermo. Le preguntó a uno de los que acampaban: "¿Tienes un jacuzzi ahí adentro?", mientras que Enrique se invitaba a sí mismo a pasar a la tienda de campaña de otra persona. Tras la cena, Enrique se fue al Goring y se quedó bebiendo en el bar con Pippa, su novia Chelsy y algunos amigos. Cuando decidió que era tiempo de irse, alrededor de las tres de la mañana, se fue hacia el balcón, saltó hacia una cama de flores y se dirigió de regreso a Clarence House, que estaba cerca.

Aunque Guillermo fue un poco más sensato esa noche, recuerda que tampoco durmió mucho: "(Las multitudes) estaban cantando y echando porras toda la noche, así que con la emoción de eso, mi propio nerviosismo y todos cantando, dormí alrededor de media hora."

La mañana de la boda, Guillermo desayunó con Enrique y James Middleton en Clarence House. A las 8:15 de la mañana, los 2 mil invitados empezaron a llegar a la Abadía. La Abadía de Westminster antes era un monasterio benedictino. Un total de 38 coronaciones se han realizado en este lugar desde que Guillermo el Conquistador fue coronado en 1066. La boda de Kate y Guillermo sería la 26ª boda real en celebrarse ahí. La primera fue la del Rey Enrique I el 11 de noviembre de 1100. Cuando la Reina apenas era una princesa, se casó ahí con Philip Mountbatten, en 1947. También fue el lugar donde se realizó el funeral de Diana en 1997.

Cuando Kate y Guillermo estaban decidiendo la locación, pudieron considerar varias posibilidades, incluyendo la Catedral de St. Paul, donde los padres de él se habían casado. Sin embargo, la Abadía era una buena opción para la pareja, pues era como una iglesia dentro de una iglesia. Esto hacía que el evento pareciera más privado de lo que en realidad era. Su familia y sus amigos más cercanos se sentarían en la zona del coro, donde la gran parte de la ceremonia se llevaría a cabo. La mayor parte del resto de la congregación se sentaría en la nave y a los dos lados del pasillo central. La abadía también tenía un camino de procesión más corto de regreso al Palacio de Buckingham que el de St. Paul, así que sería más económico y más fácil de vigilar, un punto importante en épocas de recesión. Fue idea de Kate traer la tierra verde y agradable de Inglaterra dentro de la abadía, de modo que a los invitados les dio la bienvenida la increíble imagen de un pasillo bordeado por inmensos árboles de maple y carpes frondosos, mientras que a las orillas y en la repisa se mostraban azaleas, rododendros, hayas en maceta, glicinias y lilas.

Kate había elegido "el lenguaje de las flores" como tema para la decoración de su boda. Utilizó la práctica victoriana de la florografía, en la que cada flor tiene un significado. Entre los 17 distintos tipos de flores que se mostraron con betún en el pastel de bodas, diplomáticamente eligió rosa inglesa, cardo escocés, narciso de Gales y trébol irlandés –además de una flor llamada "sweet william" en honor a su esposo, rosas nupciales para la felicidad, bellotas para la fuerza y lirio del valle para dulzura y humildad. El tema también se reflejó en el diseño de su vestido, y la abadía fue aromatizada con sus velas favoritas de naranjo en flor de Jo Malone. El diseñador floral fue Shane Connolly, quien había trabajado para la boda de Carlos y Camilla. Sus arreglos en la abadía se dejaron durante una semana después de la boda para que los visitantes pudieran verlos antes de que se obsequiarán a instituciones de caridad o se enviarán al hogar de Carlos, en Highgrove, para ser plantadas de nuevo.

Entre los invitados célebres estuvieron David y Victoria Beckham (como Presidente de la Asociación de Futbol, Guillermo había conocido a David después de trabajar juntos en la fallida propuesta de ser anfitriones de la Copa del Mundo 2018, y seguían siendo amigos), Elton John, Guy Ritchie (que se había convertido en un allegado gracias a su amigo mutuo Guy Pelly), Ben Fogle (él y Guillermo estuvieron involucrados en turismo de aventura con fines benéficos), Rowan Atkinson, Joss Stone, el nadador Ian Thorpe y, del mundo del rugby, Gareth Thomas y Clive Woodward (Guillermo patrocina la Asociación de Natación de la Escuela Inglesa y la Unión de Rugby de Gales).

En la lista de invitados también estuvieron el hermano de Diana, Earl Spencer, y sus hijas; la novia intermitente de Enrique, Chelsy Davy, la amiga de la familia Tara Parker Tomkinson; 40 integrantes de miembros de la realeza de otros países; los líderes políticos David Cameron, Nick Klegg y Ed Miliband; y el alcalde de Londres Boris Johnson. El presidente de los Estados Unidos, Barack Obama, no fue invitado porque, al no ser Guillermo heredero al trono, sino segundo en espera, no era una ocasión estatal y no había obligación de invitar a ninguna cabeza de Estado.

Eso sí, la abadía estaba llena de un gran número de amigos personales, incluyendo a dos ex novias de Guillermo –Arabella Musgrave y Olivia Hunt, y dos ex novios de Kate –Willem Mark y Rupert Finch. Al igual que en el funeral de Dorothy Goldsmith, al que mucha gente del pueblo fue invitada, vecinos del hogar de los Middleton en Bucklebury estuvieron ahí, incluyendo al propietario del Old Boot Inn, el cartero, el de la tienda y el carnicero, además de muchas personas que la familia había conocido al vacacionar en Mustique, incluyendo al entrenador de tenis de la isla, al maestro de yoga y al gerente del centro ecuestre, así como a Basil Charles, propietario del famoso Basil's Bar de Mustique. También había representantes de las organizaciones de caridad afiliadas a Guillermo, incluyendo a una niña que había estado sin hogar, pero que había recibido ayuda de la organización Guillermo llamada Centrepoint. Él la conoció en una ocasión, la recordó y le mandó una invitación.

A Guillermo lo llevaron a la boda junto con Enrique en un Bentley. Él había estado en la armada, la naval y la fuerza aérea. Podría haber elegido cualquiera de sus uniformes, pero prefirió la túnica escarlata distintiva de la Guardia Irlandesa, que se lleva con cinturón azul intenso, guantes blancos, portadores de espadas en oro realizados por Kashket & Partners y colchonetas contra sudor integradas, para evitar marcas poco atractivas ese día. En febrero, la Reina le había otorgado el rango honorario de Coronel del Primer Batallón de la Guardia Irlandesa, que era su título más destacado en las fuerzas armadas. Ella le indicó que usara ese uniforme para su boda. Enrique se puso el uniforme de un capitán de la Caballería, y platicó con la familia de su madre, los Spencer, mientras que Guillermo charlaba con los Middleton, mientras caminaban por el pasillo, Carole iba acompañada por su hijo James, y llevaba puesto un vestido tipo abrigo en crepé de lana azul cielo diseñado por Catherine Walker, complementado con un sombrero a juego de Jane Corbett.

Hay un protocolo estricto dentro de la familia real respecto a quién entra y cuándo. Después de que los dignatarios y otros invitados habían llegado, fue su turno. Principalmente llegaron en pequeños camiones plateados. Los primos Peter y Zara Phillips llegaron con sus parejas, Autumn Phillips y Mike Tindall, su mamá, la princesa Ana y su esposo Timothy Lawrence. Siguieron el Conde y la Condesa de Wessex y el Duque de York con sus hijas, las princesas Beatriz y Eugenia, quienes a su vez fueron seguidas por Carlos y Camilla en un Rolls Royce color borgoña. Carlos se puso el traje ceremonial número 1 de la Naval Real, con cinturón azul, y Camilla llevaba un vestido de seda color champaña y un abrigo en azul y champaña de Anna Valentine, junto con un sombrero de Philip Treacy.

Por último, la Reina y el Duque de Edimburgo llegaron, también en un Rolls Royce borgoña. La Reina usó un vestido amarillo de Angela Kelly con sombrero a juego, acompañado por su broche de diamantes "Nudo de los Auténticos Enamorados". Cuando su abuela tomó asiento, Guillermo estaba en la capilla lateral con Enrique, tranquilizándose. Afuera, se escuchaba música, los cadetes militares y los niños pertenecientes al grupo Cub Scouts vendían programas como recuerdo y también para que las multitudes pudieran cantar junto con los himnos.

Finalmente llegó el momento y cuando Kate salió del Goring a las 10:51 de la mañana con un velo vaporoso, las multitudes rugieron. Se había mantenido tranquila mientras se estaba preparando. Quería que la menor cantidad de persona posible estuviera cerca de ella y que fueran de su familia inmediata, sólo estuvo ahí la diseñadora del vestido para ayudarle con los toques finales, así como su estilista y un maquillista de la casa Bobbi Brown que siguió las indicaciones de Kate para hacerla lucir tan natural como siempre. Kate agregó su propio delineador de ojos así como un toque de la fragancia *White Gardenia Petals* de Illuminum.

Se reveló que la diseñadora del vestido era Sarah Burton, quien había tomado las riendas de la casa de diseño de Alexander McQueen cuando él falleció dos meses antes. Sarah y Kate habían pensado en una creación que evocara el vestido de bodas de Grace Kelly cuando se casó con el Príncipe Rainiero de Mónaco, pero por el estilo de peinado y maquillaje de Kate, se veía contemporánea. Realizada en satín color marfil, la falda del vestido estaba diseñada para replicar la silueta de un capullo en flor; llevaba discretas flores individuales cortadas a partir de encaje cosido a mano. Florecía una cauda de nueve pies de largo en la parte trasera. Los recortes de encaje incluían rosas, cardos, narcisos y trébol, para representar las cuatro países del Reino Unido. El *corsé* ceñido estaba recubierto en encaje marfil, que había sido hecho a mano por la Escuela Real de Bordado en el Palacio de Hampton Court. Los zapatos en satín marfil también eran de Alexander McQueen. Antes de empezar a trabajar en el vestido, las costureras tuvieron que firmar acuerdos de confidencialidad y se decía que al trabajar en el vestido necesitaban lavarse las manos cada 30 minutos para mantener impecable el encaje.

El velo se hizo de tul de seda color marfil rematado con flores bordadas a mano y se sostenía con una tiara tipo halo de Cartier que le prestó la Reina. La tiara se había hecho en 1936 y había pertenecido a la Reina Madre –fue un regalo de su esposo, el Rey Jorge VI. Kate le había dicho a su estilista, James Pryce, que quería lucir como ella misma el día de su boda, que quería que Guillermo la reconociera y que deseaba verse natural. James dedicó varias semanas a practicar el peinado recogido con una tiara de 6.50 libras que compró en Claire's Accessories, y durante una entrevista con el *Sunday Times* explicó que: "Se nos ocurrió un concepto único para sostenerla. Peinamos la parte superior hacia atrás, para crear una base en la que la tiara se sentaría, y luego hicimos una pequeña trenza en el centro y la cosimos. Nunca había visto algo similar en toda mi vida."

Las únicas otras piezas de joyería que usó aparte de su anillo y la tiara fueron un par de aretes de diamantes de Robinson Pelham, que habían sido diseñados para ella y eran un regalo de sus padres. Estaban hechos de hojas de roble y bellotas montadas con diamantes. Eran un tributo a los robles de su condado y a los de Inglaterra, y colgaban junto con diamantes en forma de pera. Kate llevaba un ramo en forma de escudo con lirio del valle, "sweet william" y jacinto. Al igual que cada novia real desde la Reina Victoria, su ramo también contenía una ramita de arrayán cortada de un arbusto que se había sembrado a partir de la ramita de arrayán tomada del propio ramo de bodas de la Reina Victoria.

Michael ayudó a Kate a doblar su vestido al entrar al Rolls Royce Phantom VI a bordo del cual hicieron el recorrido de nueve minutos hacia la abadía. Los siguieron los integrantes del cortejo de Kate. Su hermana Pippa fue la dama de honor y también llevó una creación memorable blanca y de largo hasta el piso de Sarah Burton. Las cuatro damitas y los dos pajecitos fueron familiares de Guillermo y parientes de sus amigos. Las damas fueron Grace van Cutsem (la ahijada de Guillermo), Eliza Lopes (la nieta de Camilla), Margarita Armstrong Jones (la sobrina segunda de la reina) y Lady Louise Windsor (la hija del príncipe Eduardo). Todas usaron vestidos de bailarina en color marfil con cinturones de seda en oro pálido y zapatillas marfil con hebillas de cristales Swarovski, y Pippa puso en orden a las más chiquitas. Los dos pajes eran ahijados de Guillermo: William Lowther-Pinkerton (el hijo del secretario particular de Guillermo) y Tom Pettifer (el hijo de su antigua nana Tiggy), y portaron atuendos de tipo militar en rojo y oro diseñados por Kashket & Partners.

El Reverendo Dr. John Hall, Decano de Westminster, condujo la misa; el Arzobispo de Canterbury, Dr. Rowan Williams, cabeza de la Iglesia de Inglaterra, iba a oficiar, y el Obispo de Londres, el Reverendo Richard Chartres, como confidente de la familia real, y al ser quien confirmó tanto a Guillermo como a Kate, se dirigiría al público.

Mientras que Kate y Michael recibían la bienvenida por parte del Decano de Westminster, Sarah Burton se cercioró de que el vestido cayera de la manera correcta. Michael luego dijo que no se sintió nervioso porque tenía a Kate del brazo, e incluso le dijo a sus amigos que se sintió como en un sueño hasta que abrió el periódico al día siguiente. Conforme ella y su padre caminaron por el pasillo, los coros de la Abadía de Westminster y

Arriba: Tomada de la mano de su padre y luciendo radiantemente feliz el día de su boda, el 29 de abril del 2011.

Abajo: La pareja de recién casados bajando del Landau de 1902 en el Palacio de Buckingham.

Arriba: En julio del 2011 Kate y Guillermo visitaron Canadá y Norteamérica en su primer viaje internacional como casados.

Izquierda: En Calgary, Kate abraza a Diamond Marshall, una niña de seis años que padece cáncer.

Arriba: Pasando un buen rato mientras ven una demostración de rodeo en Calgary.

Abajo: Creando arte durante su visita al Inner-City Arts en Los Angeles.

Arriba: Los tres jóvenes de la realeza saludan a la multitud desde la barcaza real, durante el desfile del Jubileo de Diamante en el Támesis, el 3 de junio del 2012.

Derecha: Con el cachorro cocker spaniel de la pareja, Lupo, en el partido de polo de caridad Tusk Trust, en junio del 2012.

Arriba: Muy a gusto, Kate acompañó a la Reina a un evento deportivo infantil en Vernon Park, durante una visita del Jubileo de Diamante a Nottingham.

Abajo: Celebrando la medalla de oro del equipo varonil de ciclismo de pista, en los Juegos Olímpicos de Londres 2012.

Kate y Guillermo viajaron al Este en representación de la Reina, como parte de las celebraciones del Jubileo de Diamante. Empezaron en Singapur (arriba) antes de ir a la isla de Tuvalu en el Pacífico Sur (abajo).

Izquierda: Kate, durante una visita a la Sala de Arte de la escuela primaria Rose Hill en Oxford, muestra su pasión por apoyar a gente joven a través de sus patronatos y trabajo de caridad.

Abajo: Después del tratamiento a Kate por una variación extrema de nauseas matutinas, ella y Guillermo salen del hospital King Edward VII, el 6 de diciembre del 2012.

La futura madre, resplandeciente, durante una fiesta de jardín en los terrenos del Palacio de Buckingham, en mayo del 2013.

la Capilla Real de su Majestad, el Palacio de St. James, cantaron *I Was Glad* de Charles Hubert Hasting Parry. Enrique vio hacia atrás cuando Kate iba caminando por el pasillo, y le reportó a su hermano: "Bien, ahí está ahora... Bueno, se ve hermosa, eso te puedo decir." Al final del pasillo, la pareja se volteó a ver. Guillermo le murmuró a Kate "Te ves hermosa", antes de bromear con Michael y decir: "Sólo una boda sencilla en familia..."

El primer himno, *Guíame, oh gran redentor*, fue el último himno que se cantó en el funeral de Diana, y de esta forma, así como al darle a Kate el anillo de compromiso, Guillermo se aseguró de que su madre estuviera presente. El Decano de Westminster le dio la bienvenida a la pareja e inició la misa, antes de que el Arzobispo de Canterbury entrara para el intercambio de votos.

Neil Swan, el director general de Starlight, fue invitado a la boda junto con otros miembros del personal y recuerda: "Creo que uno de los momentos más hermosos fue cuando Kate y Guillermo estaban intercambiando sus votos. Dentro de la abadía había un silencio absoluto y un aire total de solemnidad cuando dijeron 'Sí, acepto', pero por supuesto que estaba siendo transmitido en vivo ante las multitudes, y desde afuera se oyó un gran rugido. En ese momento, los rostros de todas las personas dentro de la abadía mostraron grandes sonrisas."

El anillo de bodas de Kate, de acuerdo con la tradición real, sería realizado a partir de una pepita de oro de Gales que pertenecía a la familia real y provenía de la mina de Clogau St. David. Era una banda de oro delgada realizada por una familia galesa de joyeros, los Wartski, pero para romper con la tradición, Guillermo decidió no usar un anillo matrimonial. James Middleton luego recitó la lección de Romanos 12. Fue un momento de orgullo para el hermano menor de Kate, pues padece dislexia y decidió memorizar las palabras en lugar de arriesgarse a leerlas y confundirse. "Tuve que volver a escribir todo de manera fonética", James le explicó después a la prensa. "Y así fue como me lo aprendí. De esa manera, me sentí seguro y perfectamente capaz de hacerlo. Al final del día, no importaba si hubiera sido en una pequeña iglesia o en la Abadía de Westminster, era yo, un hermano que estaba realizando una lectura para mi hermana y su esposo durante su boda, y quise hacerlo bien."

Luego el Obispo de Londres se dirigió al público y reflexionó: "En cierto sentido, cada boda es una boda real y la novia y el novio son el rey y la reina de la creación, y hacen una nueva vida juntos para que la vida pueda fluir a través de ellos hacia el futuro." Tras el esperanzador himno "Jerusalén", la pareja se fue hacia el altar de Eduardo el Confesor para firmar el registro matrimonial junto con sus testigos Carlos, Camilla, Carole y Michael.

El coro cantó *Blest Pair of Sirens*, de Parry, antes de que Kate y Guillermo regresaran al castillo; Kate se detuvo para hacer una reverencia ante la Reina, quien sonrió. Enrique y Pippa los siguieron hacia la abadía, así como el resto de sus familias. Mientras esto pasaba, siete trompetistas probaron unas nuevas fanfarrias compuestas especialmente para la boda: *Valiente y valeroso*, que es el tema que usa el escuadrón RAF 22, con quien Enrique estaba fungiendo como piloto de búsqueda y rescate. Afuera de la abadía, el sonido de las campanas y las porras alegres de la multitud por todo Londres se sumaron a barcos sobre el Támesis que tocaban sus cornetas a todo volumen, y el Big Ben se escuchó junto con el repique de otras iglesias por toda la ciudad.

A las 12:15, la pareja empezó su recorrido rumbo a Buckingham Palace a bordo del State Landau de 1902 que fue construido para Eduardo VII con motivo de su coronación. Carlos también lo usó para viajar a su boda 30 años antes, y para regresar en él con Diana. Ramilletes y una herradura fueron colocados en el asiento para Kate, un regalo por parte del personal de los espacios donde se guardan los coches, caballos y carruajes reales. Guillermo entró primero y tomó el ramo de Kate cuando ella se sentó junto a él con el vestido ondeando al viento como una nube a sus pies. Conforme avanzaron por las calles, pasaron por sitios conmemorativos de guerra, donde Guillermo hizo un saludo y Kate respetuosamente bajó la cabeza. Su organización de caridad Centrepoint hizo que se soltaran miles de globos, y las multitudes echaban más y más porras. La pareja fue escoltada por oficiales de la guardia imponentes y por oficiales de la caballería comandados por su amigo Nicholas van Cutsem. La Reina y Felipe los siguieron. Luego salieron dos carruajes de madrinas y pajes junto con Enrique y Pippa. Finalmente, el último carruaje llevaba a los Middleton con Carlos y Camilla.

Todos fueron recibidos en el espacio cuadrangular del Palacio de Buckingham, donde los esperaba la música de la banda militar de la Guardia de Gales, antes de ir a un piso superior para que Hugo Burnand les tomara los retratos oficiales, él también fue el fotógrafo de bodas de Carlos y Camilla. En este momento, un invitado adicional hizo una aparición secreta para mantener entretenidas a la pequeñas damitas. "¡Enrique sacó una lombriz del bolsillo en el carruaje para mantenerlas entretenidas!" Más tarde, reveló Camilla: "A Eliza le gustó tanto que no quería soltarla e incluso apareció en las fotografías oficiales. ¿Lo pueden creer? Estaba sosteniendo mi dedo, pero su otra mano tenía un gusano."

La aparición en el balcón el día de la boda se ha vuelto una tradición real, pero fue a partir de la boda de Carlos y Diana que el beso se tornó parte de ella. ¿Kate y Guillermo, en éxtasis y abrumados, complacieron a la multitud al darse no uno, sino dos besos, mientras que a sus familias se les iluminó el rostro y la damita de tres años Grace van Cutsem se tapó los oídos para protegerlos contra el rugido de las multitudes, así como del sonido de los aviones que volaban para celebrar la ceremonia.

La Reina fue anfitriona de la parte formal de la recepción para 650 invitados, la cual rompió con la tradición e incluyó un buffet. La pareja eligió mucha comida orgánica del Reino Unido, y 10 mil canapés fueron creados por el chef real Mark Flanagan y un batallón de 21 chefs. Los canapés más elegantes incluyeron ensalada de cangrejo de Cornuales sobre blinis de limón, terrina de pato comprimida con chutney de fruta y rosa de salmón escocés ahumado sobre blinis de raíz de betabel. Sin embargo, para aquellos con gustos más sencillos, también había palos de queso, pastelitos de pescado y salchichas glaseadas. Cuando tuvo su comida de puras chicas y Camilla sugirió banderillas de salchicha, Kate la había estado escuchando.

Los canapés dulces incluyeron tartaletas de *crème brulee* y ruibarbo, y dulces de chocolate de leche con nueces y frambuesas. La pareja y los invitados bebieron el trago favorito de Sir Winston Churchill, champaña Pol Roger, así como vino Chapel Down producido en Kent, mientras que la arpista oficial de Carlos, Claire Jones, tocaba y los invitados socializaban en 19 salas estatales. En esta recepción la pareja partió el pastel de bodas oficial, el cual en realidad estaba compuesto por 12 pasteles separados en la base y otros siete pasteles individuales que formaban en total ocho capas.

A las 3 de la tarde, deleitaron a las multitudes con otro toque moderno. Guillermo llevó a Kate a Clarence House en un Aston Martin BD6 Sur, que fue el regalo que su padre había recibido al cumplir 21 años por parte de la Reina. Con motivo de la ocasión, la placa decía J5ST WED, es decir, RECI5N CASADOS. El auto estaba decorado con listones rojos y azules, así como una placa que indicaba quien conducía estaba aprendiendo. Con toda esta emoción, Guillermo se olvidó de quitar el freno de mano, pero el sonido no se oyó, ya que un enorme helicóptero Sea King estaba sobrevolando la zona; era una sorpresa por parte de RAF y se acercó a manera de saludo para la pareja. Cuando regresaron a Clarence House, se pusieron batas esponjosas para relajarse y ver la cobertura por televisión, mientras que los Middleton atendían a sus invitados en el Goring, y la Reina y el Príncipe Felipe se iban a Windsor, pues querían que el resto del día fuera para los miembros más jóvenes de la familia y para los amigos de la pareja.

La recepción nocturna en el Palacio de Buckingham corrió a cargo del Príncipe Carlos. Conforme los invitados empezaron a llegar a las 7 de la noche, los condujo por el patio iluminado con velas donde había músicos tocando gaitas. Les ofrecían copa de champaña rosa y belinis. Todo el mundo se había cambiado a ropa de etiqueta. Kate había elegido un vestido en satín blanco de largo hasta el piso de Sarah Burton, con una cintura incrustada con diamantes simulados y un saco corto y esponjoso de angora. La cena se sirvió a las 8:30 y estuvo preparada por Anton Mosimann. Incluía mariscos de Gales, cordero de Highgrove y un surtido de postres seguidos por té, café y *petit fours*. Luego, Enrique dio su tan esperado discurso. Le rindió tributo a Kate, a quien antes se había referido como su hermana, al decir: "He llegado a conocer a Kate bastante bien, pero ahora que se está convirtiendo en parte de la familia, realmente espero protegerla —o quizá ella me protegerá. Es una chica fantástica. Realmente lo es. Mi hermano es muy afortunado, y ella tiene mucha suerte de tener a mi hermano. Creo que los dos son una pareja perfecta."

Kate había logrado guardar la compostura todo el día, pero se le salieron las lágrimas durante los discursos. Enrique también entretuvo a los invitados con historias en las que narraba haber sido golpeado por su hermano. Incluso le hizo bromas respecto a su estilo romántico y su pérdida de cabello. También le dijo lo orgullosa que hubiera estado su mamá, y le comentó a los invitados: "Guillermo no tenía ni un solo hueso romántico en todo su cuerpo antes de conocer a Kate, así que supe que se trataba de algo serio cuando Guillermo de repente empezó a hablar con dulzura por teléfono cuando platicaba con ella." Luego tomó su turno Michael, y habló con calidez acerca de Guillermo. Su nuevo yerno le devolvió el favor con su propio discurso, y luego hablaron sus amigos Thomas van Straubenzee y James Meade. Después de que Kate y Guillermo habían cortado su segundo pastel de bodas, un favorito de la infancia de Guillermo hecho a base de galletas Rich Tea machacadas y mucho chocolate derretido, Enrique anunció "Les tenemos una pequeña sorpresa", y guió a los invitados hasta la Sala del Trono, que había sido transformada en un club nocturno con globos de espejo, sofás y cocteles.

Ellie Goulding entonces interpretó *Your Song* de Elton John para el primer baile, seguida por su propio éxito *Starry Eyed*, y a la novia y al novio se les sumaron Carlos y Camilla en la pista de baile. Ellie cantó durante dos horas y terminó con *She Loves You* de los Beatles. Después el lugar se volvió como una discoteca alocada con cocteles Crack Baby, mojitos y caballitos de Sambuca. Enrique bailaba en la orillas de las ventanas y se echaba clavados. Él y Chelsy fueron el alma de la fiesta. Guillermo y Kate estaban bailando *The One That I Want* de *Vaselina* ante sus invitados. Para quienes, después de bailar tanto, les daba hambre, había camionetas que proporcionaban sándwiches de tocino y helado. Estaban en el cuadrante donde generalmente posan para fotografías quienes se vuelven Oficial de la Más Excelente Órden del Imperio Británico y Miembro de la Más Excelente Órden del Imperio Británico. Adentro del palacio había máquinas de palomitas y platos hondos con dulces de Haribo.

A las 2:30 de la mañana, todos los invitados fueron conducidos afuera a ver una exhibición de juegos pirotécnicos. Luego la pareja se escabulló en un Fiat amarillo, y sacaron la cabeza a través del techo mientras los llevaron, a dos cuadras, a su suite en el palacio. A los invitados los invitaron a retirarse. Muchos de ellos fueron al hotel Goring, como fue el caso de Enrique con Chelsy, Beatriz y Eugenia –se fueron en carruajes, y Enrique todavía iba deteniendo su micrófono, mientras que otros huéspedes jugaron carreritas al avanzar por el camino. Kate y Guillermo pasaron la primera noche de su vida de casados en la Suite Belga del Palacio de Buckingham, mientras las imprentas de los periódicos no solamente estaban dedicando espacio al balcón en su primera plana, sino que también destinaban muchas columnas de las páginas interiores a una nueva estrella...

CAPÍTULO ONCE
SU BELLEZA REAL

Cuando Pippa Middleton salió del Goring la mañana del 30 de abril, se encontró con que todo el mundo conocía su nombre. Dos días antes ella había sido "la hermana de Kate Middleton". Ahora su nombre estaba en boca de todos: "¿Quién es esa chica?" y rápidamente agregaban "¿Alguien la representa?"

A diferencia de una estrella que se hace famosa por una película, o de una banda que ha grabado un disco que todos compran y quieren escuchar, ella no había hecho nada para ganar esta fama, simplemente se había agachado para ajustar la cauda del vestido de boda de su hermana; al final del día ya había tres páginas de Facebook creadas en honor a su trasero, y Justin Bieber estaba escribiendo en Twitter que lo aprobaba. Pronto, a Pippa la apodaron "su belleza real" y los cirujanos cosméticos ofrecieron el "implante de glúteos tipo Pippa". Además, la compañía estadounidense de entretenimiento para adultos *Vivid* le ofreció 5 millones de dólares por hacer una película pornográfica.

Sin embargo, si se mira de nuevo, se nota que la gente realmente no vio mucho. Aunque algunos describieron su vestido como "más apretado que una capa de pintura", en realidad era un traje perfectamente respetable y apropiado para la ocasión. Fue la idea de lo que había abajo, la sugerencia de una curva, lo que hizo que la gente se volviera loca. También ayudó que ella es guapa y joven, y que parece llevarse muy bien con el Príncipe Enrique…

¿Pero quién es esta chica que capturó la imaginación de la gente? Philippa Charlotte Middleton nació el 6 de septiembre de 1983, es sólo 20 meses menor que su hermana, y pronto le pusieron Pippa de apodo. Cuando la familia regresó de Jordania, apenas tenía dos años. Mientras que Kate fue a la escuela, Pippa asistió a la guardería local. Luego siguió a su hermana mayor a la escuela de St. Andrews donde también le fue bien. Era deportista, como Kate, y también se involucró en el teatro y el canto. Se unió al coro y el grupo de flautistas llamado "Tootie-Flooties". Después, en la Universidad de Marlborough, nadó en representación de la escuela y fue capitana del equipo de hockey. Suena similar a Kate, aunque su tío Gary considera que las chicas son bastante diferentes, incluso comentó para la revista *Hello!*: "Kate se esfuerza mucho para todo. Es brillante en todo aquello a lo que dedica su atención, pero trabaja duro, se esfuerza en todo. Mientras que a Pip parece que todo se le da con mucha facilidad."

Fue después de que salieron de Marlborough que tomaron caminos diferentes. Cuando Kate estaba en la Universidad de St. Andrews, Pippa entró a la Universidad de Edimburgo. El hecho de que ambas hermanas optaran por universidades escocesas debe haber tenido algo que ver con sus años escolares formativos en la escuela de St. Andrews, en donde aprendieron acerca de costumbres y celebraciones escocesas. En su libro *Celebrate*, Pippa declaró: "He llegado a atesorar a Escocia, una tierra cubierta por nostalgia e historia, uno de mis lugares favoritos… Hay algo en la campiña escocesa que se siente salvaje y romántico." Durante muchos años y con motivo de la celebración de la noche de Burn, en la que se conmemoraba la vida de este poeta y se tocaba música de gaitas, Pippa llevó el platillo típico escocés *haggis* a su pub local, Old Boot Inn.

Ella y Kate siempre habían sido muy cercanas y, dado que Edimburgo sólo estaba a una hora en tren directo desde St.

Andrews, incluso cuando Pippa se mudó a cientos de millas de su hogar, tenía a su hermana mayor a la mano. No es que lo necesitara. Pippa siempre había sido más vivaz y extrovertida que Kate. En Edimburgo, estudió literatura inglesa. Aunque Kate se juntaba con muchos alumnos de escuelas privadas, con excepción de un cierto príncipe, pocos integrantes de su círculo tenían títulos nobiliarios. Pero muchos amigos de Pippa sí, y pronto los empezaron a apodar "la pandilla del castillo". Los fines de semana se iban a la casa de campo de alguno de ellos para cazar y pescar, o se iban a Londres al hogar de la familia de algún otro para disfrutar la vida nocturna y acudir a cenas. Carole y Michael habían comprado un departamento en Chelsea para que Kate y Pippa tuvieran un refugio para cuando necesitaran quedarse en la capital. En cuanto a la cacería, por tradición es un ambiente masculino; las mujeres se limitan a seguir a los hombres y a recolectar pájaros muertos, o se juntan con ellos al final para comer. Pero Pippa se integró de lleno a este deporte, y era buena; en una ocasión mató 23 pájaros en un día. También esquiaba y jugaba hockey.

Como correspondía a su personalidad deportista, no fumaba, ni usaba drogas, ni bebía mucho, pero era alegre, segura de sí misma, inteligente y divertida. La gente quería que fuera a sus eventos. Muchos galanes caían a sus pies. Al igual que su hermana, era un as en la cocina; mientras que otros estudiantes pedían comida para llevar o calentaban algo en el microondas, Pippa estaba experimentando y preparando sushi. Con frecuencia visitaba a Kate en St. Andrews y acompañaba a su hermana al baile anual de mayo, así como a muchos otros bailes.

Kate y el resto de la familia conocieron a los amigos de Pippa. Una de ellas era Thierry Kelaart, que se volvió tan cercana a los Middleton que en 2012 fue Michael Middleton quien la entregó en su boda. En el segundo año que Pippa estuvo en Edimburgo, vivió con el Conde George Percy (cuyos padres son dueños del Castillo de Alnwick, que fue usado como Hogwarts en las películas de Harry Potter) y Lord Edward Innes Kerr (cuyo padre es dueño del Castillo de Floors, que fue usado como el hogar de Tarzán en la cinta *Greystoke*). Se rumoraba que salía con George Percy pero sólo eran amigos. En realidad salía con Jonathan "JJ'" Jardine Paterson, que había estudiado en Eton y pertenecía a una dinastía bancaria de Hong Kong. Estuvieron juntos por tres años y medio antes de terminar en 2007, que fue el año en que Pippa dejó la universidad y se mudó a Londres al departamento de Chelsea, con Kate.

Pippa se mudó a la capital aquel año loco en el que Kate y Guillermo habían terminado. Las lentes de las cámaras estaban enfocadas en el suburbio de Chelsea, con mujeres elegantes, y las hermanas eran un deleite fotogénico. Con bronceados color café con leche, hermosas cabelleras, mucho delineador de ojos y sus vestidos distintivos de largo medio, para el final del verano las habían apodado "las hermanas candentes". Kate había regresado con Guillermo, mientras que Pippa estaba disfrutando su vida de soltera y dedicándose a su carrera. Al igual que Kate, trabajaba para la compañía de sus padres, pero luego trabajó con los organizadores de eventos Table Talk. Para realizar este trabajo, necesitaba tener un buen cerebro para los negocios, creatividad, buen trato con la gente, visión creativa y el encanto necesario para dejar satisfechos a los clientes de mucho dinero; su papel era investigar y planear la logística de un gran evento. Más adelante, trabajó con su empresa hermana, Blue Strawberry, más enfocada a bodas.

Un año después se mudó a Londres. Muchas cosas buenas empezaron a pasarle. Aunque *Tatler* antes había dicho que era una de las "hermanas trepadoras", ahora dijo que era la soltera más sexy del año. Tenía un estilo más audaz y atrevido que su hermana mayor; prefería los estampados más intensos, los colores más brillantes, así como más adornos y escotes un poco más profundos. Empezó a editar *Party Times*, la revista en línea que aparecía en la página de Internet de sus padres. Empezó a salir con Billy More Nisbett, una figura de sociedad de Escocia cuya mamá fue dama de honor en la corte de la princesa Ana, y más adelante con el heredero de la industria de diamantes Simon Youngman. Como no estaba saliendo con la realeza, no fue tan vigilada como su hermana. Además, no era tan reconocible para el público o la prensa, de modo que pudo asistir a muchas de las fiestas más glamorosas de Londres, así como a muchos eventos deportivos de la temporada, incluyendo las carreras, el polo y Wimbledon.

Sus padres pagaron una membresía de 11 mil libras para el Club de la Reina, donde jugaba tenis con Kate. Utilizaba el gimnasio de Clarence House con su hermana, y practicaba pilates en un pequeño estudio local llamado Pilates On The Go. Le gustaba su vida londinense de chica fiestera. Tenía un trabajo glamoroso y divertido, un hombre guapo en su brazo, vacaciones en Mustique y una relación cercana con su hermana. Tenía toda la diversión, y no recibía la atención negativa que su hermana atraía. Por ahora.

Con muchos de sus pendientes resueltos, en el 2009, decidió hacer algo más con sus habilidades deportivas. Empezó a practicar el deporte llamado *tobogganing* en la Carrera Cresta Run de St. Moritz. Más adelante, ese año tuvo, un breve romance con Alexander Spencer-Churchill, un descendiente de Sir Winston Churchill, pero fue el banquero de seis pies y tres pulgadas (1.90 cm.), Alex Loudon, quien atrapó su atención. Alex acudió a Eton con el Príncipe Guillermo y fue presidente de la Sociedad Pop: un grupo selecto dentro de otro grupo selecto. Era el capitán de los equipos ingleses de cricket para menos de 15 y menos de 19, pero no hizo la transición para jugar de manera profesional, sino que prefirió irse a la ciudad. Al igual que los demás hombres que se habían relacionado con Pippa, era alto, guapo, rico y bueno en todo. También a él la familia le dio la bienvenida y fue el invitado de Pippa a la boda real.

En los días previos a la boda, Pippa fue una ayuda invaluable para su hermana. Aunque muchas novias tendrían que hacer varias llamadas para comparar precios, solicitar números y discutir la logística, ¿quién mejor para ayudar que alguien que trabajaba en eso?

Después de que Pippa había cumplido con sus tareas durante el gran día: apoyar a su hermana, sostener las manos de las damitas más pequeñas cuando iban caminando por el pasillo y ser escoltada de regreso por el Príncipe Enrique, llegó la hora del evento nocturno. Se había acabado la parte más formal del día. Se puso un vestido hasta el piso en seda verde esmeralda de Alexander McQueen, y se dirigió al hotel Goring con Enrique, Chelsy, Beatriz, Eugenio y otros más. Desafortunadamente para los chismosos, ella definitivamente estuvo con Alex en la boda y Enrique pasó la noche en compañía de Chelsy, así que cualquier ilusión acerca de que los hermanos de la novia y el novio empezaran algún tipo de romance es completamente falso. Pippa de hecho hizo buena amistad con Chelsy. Aunque Kate y Chelsy se llevaban, Pippa tenía una facilidad más natural para entenderse con Chelsy que Kate.

A pesar de las celebraciones, la hermana menor lucía perfecta al día siguiente cuando salió del hotel con sus padres y su hermano. Lucía impecable, con jeans blancos, una blusa y un saco azul. Se veía elegante y a la moda, sin necesidad de usar lentes de sol para disfrazar los ojos desvelados.

Aquél verano siguió trabajando, y cortó brevemente con Alex pues el luchaba con hacer frente a la nueva fama de ella. Pero volvieron, y sellaron su amor con un beso en el Boodles Boxing Ball de ese año. Una vez más, incorrectamente se dijo que salía con su antiguo compañero de departamento de la universidad, George

Percy, durante el escaso tiempo que cortaron, pues ellos –junto con otros amigos– disfrutaron de unas vacaciones en Madrid después de la boda. Ella también estaba trabajando algunos días de la semana para la empresa de George de energía renovable, otros días para Table Talk y un par de días más lo dedicaba a editar Party Times. Lo cierto es que Pippa tenía muchos amigos hombres. Aunque Kate tenía varios amigos hombres, era más cercana con un grupo cerrado de "hermanas", mientras que Pippa solo tenía un par de amigas y con frecuencia estaba rodeada de hombres. Casi siempre la veían en público con alguno de sus amigos cercanos hombres, lo que creaba especulaciones de otro tipo. También era buena amiga del banquero Tom Kingston, pero sólo eso, les gustaba asistir juntos a muchos eventos deportivos y sociales.

Este verano, Pippa se convirtió en la chica que todos querían tener en su lista de invitados para las fiestas. Unos años antes, Kate se había encontrado con el problema de no ser de la realeza, aunque casi era. Ahora realmente era de la realeza, y tenía oficiales policiacos de protección, una oficina de prensa y un vocero. Pippa había asumido el antiguo papel de Kate. Ahora era Pippa quien, sin ser de la realeza, casi lo era. Debía tener cuidado, pues de igual manera, no tenía vocero ni protección. De pronto, se encontró con que tenía que ser más selectiva respecto a qué eventos asistir y qué proyectos de negocios aceptar, para no crearle problemas a su hermana.

Pippa empezó a dar apoyo a más eventos de caridad, y se involucró más en retos deportivos. El verano tras la boda compitió en el extenuante triatlón de GE Blenheim, y también en la carrera de Resistencia Highland Cross, que exigía correr y andar en bicicleta a lo largo de 50 millas en Escocia de costa a costa. Al año siguiente, en mayo de 2012, iba a participar en la carrera de esquí a campo traviesa más larga del mundo, la de Vasaloppet, en Suecia, junto con su hermano James. Ella y James estaban recaudando dinero para la organización de caridad Magic Breakfast, que proporcionaba alimentos a niños de bajos recursos antes de empezar clases. A pesar de nunca haber competido en esquí a campo traviesa, Pippa quedó en el tercio con mejor desempeño, a pesar de que había más de 15 mil competidores. Lo cual impresionó a los organizadores.

Para estas épocas había cortado permanentemente con Alex y estaba libre como el viento. En abril de 2012, pasó a París para asistir a una fiesta de cumpleaños de disfraces glamorosa y divertida organizada por el empresario de moda francesa Vicomte Arthur de Soultrait. La fiesta incluyó enanos bailarines, strippers de burlesque y chicas semidesnudas que lanzaban chispas desde sus cinturones de castidad. La champaña fluyó libremente, y el anfitrión de la fiesta posó en un trono con una correa para perros. Pippa se puso un minivestido tipo María Antonieta en satín de colores fucsia y oro, así como una chamarra de cuero negra. Luego besó al productor parisino de televisión Antoine de Tavernost. El evento fue noticia para los periódicos, aunque simplemente se trataba de una chica joven y soltera que se divertía. Eso no tenía nada de malo. Sin embargo, al día siguiente la llevó al aeropuerto el hermano del Vicomte. Él apuntó, con una pistola de juguete, a los paparazzi que lo seguían. Rápidamente la gente comenzó a cuestionar su comportamiento, llamándolo irresponsable. Incluso se preguntaron si Pippa debía tener más cuidado al escoger a la gente con la que se juntaba. No había solución a largo plazo. Tal y como Kate lo había descubierto antes, Pippa tendría que encontrar lentamente su propio camino, pero gracias al fuerte apoyo familiar y al sentido común innato de los Middleton, todo salió bien.

Para fines de 2012, publicó su primer libro. La antigua estudiante de literatura inglesa escribió una biblia que indicaba cómo celebrar en casa, y renunció a su trabajo en Table Talk para poder hacerlo. *Celebrate* era una guía que explicaba cómo aprovechar al máximo cada una de las celebraciones británicas anuales. Indicaba, por ejemplo, cómo preparar un martini de pétalos de rosa perfecto para el día de San Valentín; cómo preparar a mano calendarios para contar los días hasta los festejos de fin de año y cómo crear coronas navideñas. Estaba repleto de recetas y consejos útiles, así como juegos e ideas para disfraces. Pero no se vendió como se esperaba. Incluso lo criticaron por decir cosas obvias. Fue una lástima para Pippa, pues era la primera vez que tenía una voz ante el público. Quedó claro que era inteligente, divertida y modesta. En la introducción, escribió: "Es un poco sorprendente conseguir reconocimiento global antes de los 30 años gracias a tu hermana, tu cuñado y tu trasero."

Sin embargo, siguió adelante y continuó editando y escribiendo para *Party Times*. También le dieron un puesto como columnista en la revista *Waitrose*, que anteriormente había sido de Delia Smith. Siguió interesándose por el trabajo filantrópico, y brindó apoyo a la escuela Mary Hare de Berkshire, que trabaja con niños sordos.

Su vida romántica también cambió en cuanto se enamoró de un guapo corredor de bolsa llamado Nico Jackson. A diferencia de los hombres con los que ella había salido en el pasado, él empezó, después de la universidad, a entrenarse con la empresa M&C Saatchi. Eventualmente decidió hacer una carrera en la ciudad, y trabajó con Deutsche Bank, lo que le permitió adentrarse en las altas esferas sociales. Fueron vistos juntos por primera vez en septiembre de 2012 en la inauguración del nuevo club nocturno 2&8 del antiguo propietario de Boujis, Jake Parkinson-Smith. Cinco meses después, en febrero de 2013, se fue de vacaciones con Pippa y el resto de los Middleton, incluyendo a Kate embarazada, a Mustique. Poco después de este descanso bajo los rayos del sol, Pippa volvió a exigirse físicamente. Esta vez, tenía a Nico y a su hermano a su lado, y todos compitieron en el maratón de esquí de Engadin en área suiza de St. Moritz. Pippa completó las 26 millas en dos horas y 48 minutos –con media hora de rezago con respecto a James y ocho minutos detrás de Nico.

¿Y qué del más pequeño del clan Middleton? Nacido como James William Middleton el 15 de abril de 1987, es el hermano menor al que los medios a veces ignoran por preferir a sus hermanas. Sin embargo, el atractivo empresario de un metro con ochenta y dos centímetros de estatura, también ha estado trabajando y jugando en la capital desde hace bastante tiempo. Siguió a sus hermanas a St. Andrews y luego a Marlborough, en donde jugó rugby y tenis. También estuvo al frente de su casa estudiantil. Luego, siguió a Pippa a la Universidad de Edimburgo para estudiar manejo de recursos ambientales, pero se salió después de un año. Mejor le pidió prestadas 11 mil libras a su tío, Gary Goldsmith, e inició su propio negocio. Lo llamó Cake Kit Company, y vendía paquetes desechables que le permitían al cliente hornear pasteles espectaculares en casa. Luego expandió su negocio y comenzó vender masa para galletas, panqués y velas que huelen a productos salidos del horno. Por ser disléxico, a James se le dificultó lo académico, pero en los negocios encontró su lugar. Cuando la compañía llevaba un año en funcionamiento, le pudo pagar a su tío todo lo que le prestó. En 2010, James registró los nombres de tres nuevas empresas: Nice Cakes, Nice Wine y Nice Group London. Pensaba convertir este último en un consorcio que abarcara un imperio de los negocios.

Nice Cakes ofrecía pasteles personalizados con transferencias en betún de las fotos de los clientes. En 2011, lanzó una línea de productos atrevidos que incluían un pastel llamado "Esposa Maravillosa", adornado con el tema "bubis deliciosas que mantienen felices a mis manos", así como un diseño de "Semental", que incluía la imagen de un hombre junto con la leyenda "un pene que se mueve y me hace reír". Previamente había desatado comentarios cuando salieron a la luz fotos en las que aparecía semidesnudo y vestido de mujer. Literalmente lo habían pescado con los pantalones abajo tras su fiesta de 21 años en el 2008, pues lo fotografiaron mientras orinaba en la calle. Estas situaciones de juventud pronto se volvieron cosa del pasado. Conforme pasaron los años, maduró hasta volverse un hombre mucho más discreto. Se enfocó en su negocio, se dedicó a la cría y reproducción de abejas, jugó tenis con sus hermanas y fútbol con Guillermo y paseó a Ella, el cocker spaniel negro de la familia –la mamá de Lupo, el perro de Guillermo y Kate.

James siempre ha logrado mantener su vida romántica alejada de los medios, lo que ha generado especulaciones de que es gay, pero un amigo le dijo al *Daily Mail*: "Si alguna vez hubieras escuchado a James hablar sobre chicas en privado, sabrías que no es gay. Pero los rumores no le molestan tampoco. Es bastante 'metrosexual', así que, en cierta forma, lo toma como halago." Entre sus ex novias están una Miss Escocia llamada Katharine Brown, con quien salió durante su año en la Universidad de Edimburgo; una bella australiana rubia llamada Amy Bradshaw, con quien cortó poco antes de la boda real; una diseñadora de interiores estadounidense con quien estuvo durante 18 meses, y una modelo y estudiante de diseño de moda brasileña llamada Fernanda. Al igual que a sus hermanas, lo rodea un grupo allegado de amigos. Su invitado para la boda real fue el célebre mago Drummond Money-Coutts.

A principios de 2013, tras cortar con la modelo Emily Steel, James inició una relación con Donna Air. Por primera vez vivió la experiencia de salir con alguien ante la vista del público. Donna era siete años mayor que él, tenía una hija de nueve años con el propietario de casinos Damian Aspinall y había estado relacionada con Calum Best. En opinión de muchos, la actriz y presentadora de televisión y el hermano de la futura Reina no hacían buena pareja, pero Donna era muy amiga de las Princesas Beatriz y Eugenia. Ella y James compartían una pasión por el estilo de vida activo. Ese mismo año, James participó en una carrera de esquí de caridad, mientras que Donna corrió en una carrera para beneficiar a Jeans for Genes. Ella también ha trabajado en cuestiones de conservación y promueve la comida orgánica. La pareja llevaba pocos meses saliendo cuando empezaron a salir con Pippa y Nico. Les gustaba pasar noches en un nuevo club nocturno privado y sólo para socios, Loulous.

Históricamente, quienes se han casado con un heredero o una heredera al trono han tenido que dejar de lado a sus propias familias. Ser un miembro de la realeza significaba ser parte de un negocio, y también ser parte de una familia muy estructurada y tradicional con requisitos muy específicos. Siempre se debía celebrar la Pascua en el Castillo de Windsor, las vacaciones de verano en Balmoral y la Navidad en Sandringham. Nada de esto era sujeto negociaciones. Las Navidades con los parientes consanguíneos con frecuencia se volvían una cuestión del pasado.

Sin embargo, esto no fue el caso de Kate. Ella y Guillermo han pasado más tiempo con los Middleton del que Carlos y Diana jamás pasaron con los Spencer, y los Spencer definitivamente no fueron aceptados por la familia real de la misma forma en que los Middleton lo han sido.

Además de que Kate iba de vacaciones a esquiar a Klosters con Carlos y Enrique, Guillermo también vacacionó con Kate y su familia en Mustique. Carlos y Camila tenían ganas de conocer a Carole y Michael en la graduación de Kate y Guillermo, y los invitaron a Birkhall después de que se comprometieron. Además, la Reina también les dio la bienvenida. Dos veces fueron invitados a Ascot, se sentaron en el palco de los nobles en Wimbledon y James fue invitado al desayuno con Guillermo y Enrique la mañana de la boda. Toda la familia Middleton fue parte de festejo en el río del Jubileo de Diamante.

Para cuando Kate se integró a la familia real, ligeros cambios en las prácticas más anticuadas ya se habían hecho, y esto la benefició. Algo favorable fue que a Guillermo sinceramente le caía bien y le preocupaba la familia de su esposa, y ésta, a su vez, lo veía como a un hijo. Le rindió tributo a los padres de Kate en la entrevista con motivo de su compromiso, pues dijo: "Me llevo muy bien con ellos y hemos tenido la suerte de que nos apoyen tanto. Mike y Carole han sido muy cariñosos y divertidos y realmente me han dado la bienvenida, de modo que me siento como uno más de la familia."

Él sabía que para Kate era importante no sentir que se quedaba afuera del mundo y de lo que conocía, como se había sentido Diana cuando se anunció su compromiso. Supo que para que Kate fuera una integrante feliz, satisfecha y útil de la familia real, necesitaba mantener una relación cercana con su propia familia, y agregó: "Ella y su familia, realmente quiero asegurarme de que los orienten de la mejor manera y de que puedan ver cómo ha sido y cómo es la vida en la familia." El hecho de que no solo quiere cuidar a Kate, sino también a sus padres y hermanos, demuestra que los tiempos en verdad están cambiando.

CAPÍTULO DOCE
REMANDO RUMBO AL SOL DE MEDIANOCHE

En los días posteriores a la boda, la gente de todo el país se regresó a casa y miró las imágenes del gran día, además de que las filas de quienes deseaban mirar las flores le daban la vuelta a la abadía. A la mañana siguiente, Kate y Guillermo posaron para sus fotografías de "irse de viaje" en los terrenos del Palacio de Buckingham. Ambos lucían frescos y relajados. Kate llevaba un vestido azul de Zara y un saco de la línea Black de Ralph Lauren. Tomaron un helicóptero a las montañas escocesas en donde estuvieron dos días, antes de que Guillermo volviera a trabajar. Apenas unos días después de haber caminado por los pasillos de la abadía de Westminster, Kate regresó a los pasillos de Waitrose en Anglesey. Ella y Guillermo habían decidido esperar hasta que la emoción de la boda pasara un poco antes de irse.

El ramo de bodas de Kate se colocó sobre la tumba del Guerrero Desconocido en la Abadía de Westminster –una tradición que la Reina Madre había iniciado. Guillermo realizó dos rescates, uno de un hombre de 70 años que había sufrido un infarto al escalar. Una semana después, los recién casados se fueron a su luna de miel de 10 días en las Seychelles. Dado que era un viaje privado, no se anunció el destino, pero el secretario de turismo de las Seychelles lo confirmó. La pareja había ido a ese lugar tres años antes, a reforzar su relación tras el rompimiento, y les pareció tan idílico que decidieron regresar. Las Seychelles son un archipiélago de 115 islas repartidas en el Océano Índico, al este del territorio principal de África. Una de las más remotas es la Isla del Norte, a la que llegaron por helicóptero tras volar a la capital, Male. Su hogar durante los siguientes 10 días fue una isla privada con playas de arena blanca y palmeras Coco de Mer, donde habitaban tortugas ancianas gigantes.

El destino isleño también es un lugar que se enfoca en la conservación, con un programa de monitoreo de nidos de tortuga, lo que significa que en la noche las playas están oscuras, sólo iluminadas por las estrellas, para evitar que las tortugas que están saliendo del cascarón se vayan en la dirección incorrecta. Kate y Guillermo se quedaron en una villa de lujo que costaba 3 mil libras la noche. Desde el momento en el que llegaron todo dependía enteramente de ellos: no había horarios fijos para comer, puesto que los visitantes pueden comer cuando gusten. Hay una cava a la que pueden entrar y seleccionar su propio vino, y el spa siempre está abierto para que el cliente reciba un tratamiento cuando guste. La isla entera ha sido diseñada de manera hermosa, con madera aclarada por el sol y piedra alisaba por el mar. Todo se entremezcla y complementa el entorno natural: los muelles de madera se incorporan a los árboles. Hay camas techadas con cortinas de muselina blanca y una tina hundida que la exuberante vegetación oculta un poco. Además de pasear por la isla, Kate y Guillermo dedicaron mucho tiempo a manejar, y regresaron a casa con bronceados color dorado.

Cuando volvieron a Anglesey, Guillermo regresó al trabajo y Kate se empezó a preparar para su primera gira real en julio, durante la cual la pareja viajaría por todo Canadá antes de llegar a Los Ángeles. Antes de la gira, con su bronceado lunamielero y joyería con conchas marinas adquirida en la boutique de la Isla del Norte, Kate y Guillermo se reunieron con el presidente de los Estados Unidos, Barack Obama, y su Primera Dama, Michelle, en el Palacio de Buckingham. Los Obama habían ido al

Reino Unido para una visita de estado. Les expresaron sus buenos deseos a los recién casados, además de decirle a la pareja que disfrutó ver su boda por televisión.

Fue un verano de diversión familiar. También fue la primera vez que Kate participó en eventos de la realeza. Se realizaron celebraciones para el cumpleaños número 90 del Príncipe Felipe, pasó un día en el palco real en el derby de Epsom, festejaron el Día de la Jarretera en el Castillo de Winsor y a Kate por primera ocasión le tocó ver a los regimientos de los ejércitos británicos y de sus territorios cuando marchaban ante la Reina en honor a su cumpleaños. Ella y Guillermo también fueron a ver las películas *Damas en Guerra* y *Harry Potter y las reliquias de la muerte*, *Parte 2*, y las vieron una tras otra en el cine Llandudno Cineworld. Asistieron a su primer evento como pareja casada.

La institución de caridad The Absolute Return for Kids busca fomentar la salud, educación y protección de los niños alrededor del planeta. La fundó la pareja de Uma Thurman, el hombre de negocios suizo Arpad Busson. Kate y Guillermo acudieron al evento de ARK para recaudar fondos. Fue su primer evento nocturno de etiqueta tras haberse casado, pues su propia institución de beneficencia, la Fundación Real, iba a trabajar de cerca con ARK. Los invitados pagaron 10 mil libras por cada boleto.

Al final de junio, se dirigieron a su primera gira. Fue apodada "la gira lunamielera" e incluyó 11 días repletos de actividades durante los que recorrieron todo Canadá. Se eligió el país porque la Reina es dirigente de estado de Canadá y, por lo tanto, algún día Guillermo lo será. La gira terminó con dos días en Los Ángeles para fortalecer las relaciones comerciales entre los Estados Unidos y el Reino Unido. Kate había viajado por Sudamérica, el Caribe, Europa, África y las islas del Océano Índico, pero nunca había ido América del Norte y estaba muy emocionada.

Las giras reales se preparan para fomentar fuertes lazos entre el Reino Unido y otros países del mundo –en cuanto a comercio, negocios y buenas relaciones en general. Muchos lugares y actividades se consideran antes de decidir cuáles son los más adecuados para los nobles. Los eventos que generalmente se realizan en una gira incluyen una bienvenida oficial, donde los nobles reciben el saludo real de parte de grupo militar local; reuniones con primeros ministros, gobernantes y nobles foráneos; mostrar respeto por aquellos que han muerto por su país durante la guerra e interesarse por lo que ese país en particular considere importante. A nivel personal, a los nobles también les gusta incluir actividades que se relacionen con organizaciones de beneficencia que ellos apoyen.

Hubo mucha especulación respecto a cuánta gente iba a acompañar a la pareja. El Príncipe Carlos generalmente lleva 15 personas, incluyendo a un pintor de acuarelas. Kate y Guillermo sólo se llevaron a siete: una secretaria privada, un coordinador de la gira, dos secretarios de prensa, un asesor, un asistente administrativo y el peinador de Kate. Kate se maquilló sola y en lugar de tener una dama de compañía tradicional, cuando salía a caminar, alguno de los hombres de su grupo la ayudaba a guardar las flores que recibía de parte de quienes le deseaban lo mejor. En su pequeña bolsa de mano cargaba un espejo compacto, papel absorbente, un pañuelo y bálsamo para labios. Como siempre había sido una fotógrafa hábil, también se llevó su propia cámara Canon para tomar algunas imágenes personales.

Fue una gira ambiciosa que cubría 30 actividades y casi 20 mil millas en 11 días. "El ritmo era implacable", recuerda el fotógrafo Chris Jackson. "Viajar por un país como Canadá significa atravesar husos horarios y realmente someter el cuerpo a la tensión que provocan los vuelos múltiples y el movimiento constante."

El 30 de junio, la pareja descendió en Ottawa y experimentó una muy cálida recepción por parte de las multitudes que habían estado llegando desde las 5 a.m. Directamente mostraron su respeto ante el Cenotafio Canadiense y la Tumba del Guerrero Desconocido, donde Guillermo dejó una corona de hojas y Kate un ramo, mientras un trompetista solitario tocó los acordes tradicionales que en Gran Bretaña se usan para conmemorar a quienes murieron en la Guerra. La pareja se separó para interactuar con las multitudes. Kate volteaba a ver a Guillermo para asegurarse de moverse a la velocidad correcta. Después, cuando subieron al auto, ella recargó la cabeza en el hombro de su esposo. Luego, se les dio la bienvenida en Rideau Hall, el hogar del representante de la Reina en el país, el gobernador general. Se realizó una recepción en la noche con jóvenes que habían sido elegidos por sus obras de caridad. Al día siguiente, el 1 de junio, Kate demostró su compostura, propia de los Middleton, durante las celebraciones del Día de Canadá.

Para el concierto del mediodía, llegaron 300 mil personas, muchas de las cuales habían viajado miles de millas para ver a la pareja real y gritaban "¡Will y Kate! ¡Will y Kate!", en forma similar a la que los fanáticos de los deportes generalmente cantan en inglés "¡U.S.A.! ¡U.S.A.!" Muchas mujeres usaron tocados, pues desde la boda estos adornos se relacionaron con la nueva Duquesa. En medio del calor de 90 °F, la gente comenzó a desmayarse y tenía que ser llevada por encima de las barreras. Kate respetuosamente llevaba mangas largas y sombrero, pero a pesar de que su maquillaje se derritió ante el sol de mediodía, se mantuvo serena durante el concierto de tres horas. Al día siguiente, que también era el día después de lo que hubiera sido el cumpleaños número 50 de la Princesa de Gales, Guillermo y Kate hicieron una caminata refrescante a través de los jardines tranquilos de Rideau Hall y se detuvieron a ver el árbol que Diana había plantado.

Luego se fueron hacia el este, a Montreal. La ciudad en la que se habla francés desde hace mucho ha sido un lugar difícil para los nobles, pues muchos habitantes no desean ser gobernados por la familia real. Un pequeño grupo de protestantes se había reunido para mostrar su desagrado, pero las porras predominaron por encima de sus abucheos, y el vocero de los nobles luego dijo: "Consideraron que las protestas eran parte de la rica complejidad de Canadá."

La pareja visitó el hospital infantil de la universidad de Sainte-Justine, donde se sentaron en pequeñas sillas para niños y hablaron francés con los jóvenes pacientes que conocieron. Luego viajaron a Quebec, que no estaba lejos, para una misa y una visita a La Maison Dauphine, un centro que ayuda a los jóvenes sin hogar. Sus experiencias con niños y jóvenes durante esta gira fueron, en parte, las que llevaron a Kate a enfocarse en los jóvenes cuando decidió a qué instituciones de beneficencia patrocinaría ese año.

Durante la segunda parte de la gira empezaron a lucir como mejores amigos y como una pareja enamorada. Al visitar las verdes colinas y las delicadas playas de Charlottestown, usaron ropa más informal, pues era la parte más atlética de su viaje.

Guillermo hábilmente aterrizo un helicóptero Sea King en el lago (era algo que no había practicado como parte de su entrenamiento, nunca lo había hecho, pero le fue útil después). En un gesto romántico, colocó el helicóptero enfrente de su nueva esposa para que ella pudiera ver bien el área del piloto. Luego participaron en una carrera de barcos dragón, y cada uno estuvo en un equipo separado. Aunque ambos son deportistas y competitivos, cada uno mostró un estilo bastante diferente. Uno de los compañeros de equipo de Kate dijo después: "Estuvo muy callada. Creo que sentía bastante presión porque ya lo había hecho antes", mientras que Guillermo les gritó a Kate y a su equipo:

"¡Van a perder!" Ganó el equipo de él, y el emocionado príncipe dijo "¡No existe la caballerosidad si se trata de los deportes!" mientras le daban una botella de champaña. Eso sí, luego abrazó a su esposa ante la vista del público. Ambos estaban empapados por la lluvia, golpeados por el viento, rociados por agua del lago y riendo. Era evidente que se estaban divirtiendo.

Chris Jackson recuerda: "Con frecuencia noto en estas giras que, mientras más lejos son, mejores fotografías se consiguen. Empiezas a ver algunas de las características verdaderas que hacen que esta pareja sea quien es. Al bajar de los barcos dragón, un abrazo afectuoso en medio de la lluvia sin duda fue la foto del día y una muestra auténtica de afecto sincero por parte de esta pareja que suele estar atada al protocolo real formal y estructurado."

Después, se fueron a la zona subártica y silvestre de Yellowknife, donde les dio la bienvenida un pueblo aborigen que cantaba con la garganta y tocaba tambores. Kate recibió un prendedor en forma de oso polar creado con diamantes de minas locales. Conocieron a guardabosques que les enseñaron técnicas de supervivencia, por ejemplo cómo despellejar animales y ahumar la carne. Tras pasar la noche allí, durante lo que iba a ser su día libre, decidieron visitar Slave Lake, un área que había sido totalmente devastada por un incendio dos meses atrás. La visitaron para ver cómo iba la reconstrucción y para hablar con la gente de cómo se estaba recuperando. Para la parte final de la gira en Canadá, volaron a Calgary. Al pisar el suelo firme, fueron recibidos por una niñita que, abrumada, corrió hacia los brazos de Kate.

Diamond Marshall, de seis años de edad, tenía un tumor abdominal y había visto la boda real desde su cama del hospital. Deseaba conocer a una duquesa de la vida real. Cuando su familia supo que la pareja los iba a visitar, les escribieron y les preguntaron si pudieran conocerse. Ese día, la niña se emocionó mucho y corrió a abrazarlos. A Guillermo y Kate luego les pusieron sombreros blancos, que es una tradición en esta ciudad del oeste en la que los dignatarios que visitan reciben sombreros vaqueros blancos hechos especialmente para ellos. Luego salieron para una recepción de negocios por la noche en la que se pedía que los invitados se presentaran de mezclilla y botas vaqueras. Vieron cuidadores de ovejas y a Kate le sorprendió notar a un hombre con protectores de pantalón en piel y la parte trasera descubierta. Con ese travieso sentido del humor del que Guillermo habló durante la entrevista de su compromiso, le dijo: "¡Tenemos que conseguirte un par como ese!" Terminaron su visita a Canadá al acudir a la Estampida, el rodeo más grande del mundo.

En Los Ángeles, socializaron con los británicos famosos David Beckham y Stephen Fry durante una fiesta organizada para ellos por el cónsul británico. "Ni siquiera si alguien regresara a Clark Gable y a Marilyn Monroe a la vida estarían tan emocionados los estadounidenses como con la presencia de estos nobles de Cambridge", dijo después Stephen Fry. "Que estén aquí es como lanzar polvo de estrellas."

Guillermo jugó polo para recaudar fondos para la Fundación Real. Los invitados habían pagado hasta 2500 dólares por boleto, y Guillermo no los decepcionó; metió cuatro goles para su equipo. Luego, por la noche, se codearon con Jennifer López, Nicole Kidman, Tom Hanks y Barbra Streisand en el teatro Belasco, de estilo art déco. El evento fue organizado por BAFTA, una organización de la que Guillermo es presidente, y tenía la intención de ayudar a que el talento incipiente británico conociera a figuras importantes de Hollywood. Duncan Kenworthy, el vicepresidente de BAFTA, les aseguró a los presentes momentos antes de la llegada de la pareja: "Cuando los conozcan, no es necesario que hagan una reverencia o una caravana. Pueden decirles como quieran: Su Alteza Real, señor, señora, Guillermo y Kate, como prefieran." Comieron *rosbif* y merengues, y se acercaron rápidamente a James Gandolfini, actor de Los Soprano.

Al día siguiente, visitaron Inner-City Arts, que le brinda a los chicos de los vecindarios marginados un espacio para expresarse. Kate se instaló ante un caballete y pintó un caracol psicodélico. Ella y Guillermo lucharon juguetonamente mientras dejaban sus huellas impresas en cerámica. Luego fueron a una feria del empleo que pretendía ayudar a las personas en las fuerzas armadas a encontrar trabajo cuando hubieran dejado la milicia.

Los recién casados incluso pudieron pasar un poco de tiempo a solas en Ottawa, pues se fueron a remar al lago solos, Además, en Yellowknife, Guillermo sorprendió a Kate con un picnic a la hora de la puesta de sol en una isla desierta. Ésta área está tan al norte que en el verano nunca oscurece por completo. La pareja pudo ver de cerca este increíble fenómeno en que el sol de medianoche parece ponerse sobre el agua. Disfrutaron un banquete de pescado y carne de caribú, que cocinaron sobre una fogata. Lo saborearon en una playa de arena blanca rodeada por rocas rosa de granito. Cerca de Calgary también lograron escaparse. Pasaron un día y una noche en la cabaña Skoki en las Rocallosas, rodeados de flores y de un arroyo de glaciares; caminaron por los valles, cerca de los lagos y por las altas montañas.

Desde su primer ramo de rosas de color rosa y cardos, hasta los ramos árticos y los capullos individuales, a Kate le dieron tantas flores que al final de cualquier cita, quienes la acompañaban estaban con los brazos llenos. Dado que ella y Guillermo estaban recorriendo miles de millas durante su gira, no fue posible ponerlas en jarrones, de modo que siempre ponía unas cuantas en el cuarto de ella y de Guillermo por la noche. El resto, las entregaba a los hospitales y los hospicios locales. Además, ella y Guillermo recibieron una amplia gama de regalos, como una corona hecha en casa, un telar hecho a mano que mostraba a

la pareja besándose, un cuchillo y mocasines con cuentas realizadas en piel de ante cubiertas por dentro con pieles de castor.
Se regresaban con algo más que puros recuerdos. La pareja usó
tantos regalos como pudo y exhibió muchos de ellos en una de
sus residencias oficiales. Los que no pudieron usar de inmediato
fueron archivados y guardados.

La pareja regresó a su granja en Anglesey, pero ya no era
su único hogar. En cuanto se casaron, Guillermo se salió de sus
departamentos en Clarence House. Kate ya no estaba en el departamento de Chelsea que ahora compartían Pippa y James. El
Nuevo Duque y la nueva Duquesa necesitaban su propia casa
en Londres. Tras considerar algunas opciones se decidieron por
la casa de la infancia de Guillermo: el Palacio de Kengsington.
Había sido una residencia real desde el siglo XVII, cuando el Rey
Guillermo III se la compró al Conde de Nottingham. El asma
del Rey Guillermo lo obligaba a buscar aire fresco, así que en vez
de vivir al lado del Támesis en Whitewall, prefirió el Palacio de
Kansington, que estaba rodeado de jardines. La Princesa Victoria, de 18 años, vivió ahí en 1837. Un día despertó y le dijeron
que era la nueva Reina. Más tarde, el Rey Jorge III lo convirtió
en varios departamentos de lujo para la familia real. También
incluyó departamentos que pudiera usar el personal de servicio
de la realeza a cambio de una renta mínima

Carlos y Diana habían vivido en los departamentos 8 y 9
después de casarse, de modo que fue el primer hogar de Guillermo y Enrique. Tuvieron recámaras a las que regresaban durante sus vacaciones escolares hasta que Diana murió. En vez
de regresar a los mismos departamentos en los que Guillermo
creció, eligieron el departamento 1A, que había sido el hogar de
la Princesa Margarita, hermana de la Reina.

El único problema es que necesitaba muchas renova-
ciones. Mientras tanto, se instalaron en la modesta cabaña de

Nottingham, que también era parte del complejo del Palacio de Kensington y que antes había sido un hogar para el personal. Era una propiedad con cuatro recámaras, y aunque contrataron a alguien que limpiara, la pareja se encargó de todo lo demás. Todavía no solicitaba personal doméstico. Cuando la pareja se quedaba en Londres, Kate hacía las compras en su tienda Waitrose más cercana, cuidaba las flores que estaban plantadas afuera de la cabaña de Nottingham y recorría la ciudad en su Audi azul.

Entre el seis y el 10 de agosto, los disturbios en el país azotaron a las principales ciudades de Inglaterra. El londinense Mark Duggan había fallecido tras un balazo que la policía le dio durante su arresto el 4 de agosto, y en los días posteriores, su comunidad local de Tottenham protestó. Las acciones escalaron en intensidad hasta convertirse en intercambios violentos entre la policía y quienes protestaban. Hubo golpes, robos y quema de edificios públicos y privados. Durante los siguientes días, cinco personas fallecieron y hubo alrededor de 100 millones de libras de daño pues disturbios similares surgieron en el resto de Londres y en ciudades como Birmingham, Bristol, Liverpool y Manchester. El enojo a consecuencia del declive económico del país fue una de las razones principales de la violencia, dado que el Reino Unido llevaba dos años en una recesión y se había incrementado el desempleo entre los jóvenes. Mientras el país empezaba a recuperarse, las figuras públicas empezaron a hacer visitas a las zonas altamente afectadas para hablar con los habitantes y ofrecer apoyo.

Como representantes de su país, necesitaban hacer que la gente afectada sintiera apoyo. Kate y Guillermo fueron a conocer a los padres de los tres jóvenes que murieron al defender su comunidad contra ladrones en Birmingham. Haroon Jahan y los hermanos Shazad Ali y Abdul Musavir murieron cuando los golpeó un coche mientras trataban de proteger las tiendas locales.

Kate y Guillermo también se reunieron con los miembros de los servicios de emergencia que habían ayudado, y Guillermo reconfortó a una mujer que rompió en llanto al contarle que la atacaron los ladrones. Él, para darle ánimo, le dijo: "No permita que la venzan. Usted ha atravesado una terrible tragedia. Siga luchando. Los atraparemos. Estoy aquí para ayudar y para escuchar lo que usted tenga que decir."

Kate estaba aprendiendo a balancear su vida personal con sus deberes públicos, y en privado investigó distintas organizaciones de caridad para ver cuál patrocinar. Aunque había una gama sin fin para elegir, sabía que le gustaría trabajar con niños, y que podría aprovechar su amor y su conocimiento de las artes, así como su pasión por la creatividad. Su oficina empezó a acercarse a instituciones de beneficencia para averiguar en qué forma ella se podría involucrar con ellos. Como todo era nuevo para ella, empezó desde cero y avanzó. Hizo visitas privadas a numerosas organizaciones alrededor del país, e hizo su propia investigación en cada caso. Tracy Rennie, quien dirigía el área de cuidado de los Hospicios Infantiles de Anglia del Este, que Kate luego patrocinó, recuerda: "Quedaba claro que había hecho una investigación. Hizo excelentes preguntas y entendía nuestra organización. No se trataba de alguien a quien simplemente le hubieran dado algunos datos resumidos: no le sorprendía lo que le estábamos diciendo, simplemente ya lo sabía." En ese momento, ésta era sólo una de las muchas organizaciones que ella había visitado en secreto. En cada caso, se presentó bien preparada, acudió a juntas con el personal, recorrió las instalaciones y platicó ampliamente con los beneficiarios.

También pasó mucho tiempo con su nuevo suegro, el Príncipe Carlos. Aprendió de él y asistió al ballet y a la ópera. Ella y Guillermo acudieron a la segunda boda real del año cuando la prima de Guillermo, Zara Phillips, se casó con el jugador de rugby Mike

Tindall en Canongate Kirk, Edimburgo. También estaba participando en más actividades junto con Guillermo, incluyendo una en el Hospital Real de Mardsen. Para la princesa Diana, la visita a este recinto fue su primera actividad pública después de su boda. Lo patrocinó desde 1989 hasta su muerte en 1997, antes de que Guillermo se volviera presidente en 2007. Kate y Guillermo conocieron a un niñito, Fabian Bate, que estaba recibiendo quimioterapia. Kate, después, le escribió una carta, algo que empezó a hacer con frecuencia conforme conocía a personas al realizar su trabajo.

Su primera actividad sola fue en representación del Príncipe Carlos. Él había ayudado a fundar Kind Direct, que redistribuye bienes excesivos de vendedores y fabricantes a organizaciones de beneficencia. Iba a acudir a la recepción nocturna, pero tras la muerte del Príncipe Heredero de Arabia Saudita, la Reina le pidió volar hacia allá y ofrecer el pésame de su parte. Entonces, su "adorada nuera" lo reemplazó. Ella y Guillermo también realizaron un breve viaje a Copenhague para visitar el centro de suministros de emergencia de UNICEF junto con el Príncipe Heredero y la Princesa de Dinamarca. Mientras estaban ahí, ayudaron empacar cajas que se mandarían a África del Este. Poco tiempo después, Kate acudió a su primer Día de Remembranza como integrante de la familia real. Los integrantes de mayor rango colocaron coronas en la tumba vacía para recordar a quienes han muerto por su país en las guerras. También fue a los Premios Militares del *Sun* con Guillermo y Enrique, y visitó el albergue de Camberwell de Centrepoint, con Guillermo.

En octubre de 2012, se anunció que la regla de preferir al primogénito masculino se iba cambiar, lo cual significaba que si Kate y Guillermo llegaran a tener una hija antes que un hijo, ella sería la reina. Antes, un hijo siempre tenía preferencia por encima de sus hermanas mayores. Esto fue un cambio histórico: hacía que la ley se actualizara para estos futuros reyes y reinas, que también son expertos en balancear la tradición y la modernidad, y que ayudan a que la monarquía siga siendo relevante hoy.

Ahora que era parte de la familia real, Kate podía pasar su primera Navidad en Sandringham con la Reina y su familia. Es una propiedad victoriana de ladrillo rojo. Esta casa de Norfolk fue construida en 1870 y está en medio de 20 mil acres de terreno que incluyen granjas, bosques y zonas con árboles, además de jardines llenos de flores, robles, lagos y arroyos. El padre de la Reina, el Rey Jorge VI, nació y murió ahí. El lugar es conocido por sus manzanos, que él plantó y que producen un jugo que ahora puede comprarse en línea.

La Navidad de la realeza es muy tradicional. La Reina llega unos cuantos días antes de Nochebuena y supervisa los últimos preparativos. El primer año de Kate, estuvieron presentes la Reina y el Duque de Edimburgo; el Príncipe de Gales y la Duquesa de Cornualles; el Príncipe Enrique; el Duque de York y las princesas Beatriz y Eugenia; el Conde y la Condesa de Wessex y sus niños Lady Lousie y James, Vizconde Severn; la Princesa Real y su esposo Timothy Lawrence; Peter y Autumn Phillips, con su hija Savannah, y Mike y Zara Tindall. Los años de turbulencia y matrimonios infelices habían quedado atrás, todos estaban contentos. Había personas de todas las edades para que las cosas estuvieran divertidas, desde el Príncipe Felipe que tenía 90 años hasta James, el hijo de Sofía, que acababa de cumplir cuatro.

Sin embargo, no fue precisamente la Navidad tradicional que la familia esperaba, pues el Príncipe Felipe se había estado sintiendo mal. El día previo a Nochebuena tuvo que ser llevado por aire al Hospital de Papworth pues sufría dolor en el pecho. Se descubrió que tenía bloqueada una arteria coronaria y se le colocó un *stent*. Aunque se consideró que era un procedimiento menor, tuvo que quedarse en el hospital durante la Navidad, como medida precautoria. Aunque la familia naturalmente estaba preocupada, el hospital aseguró que estaba bien, por lo que siguieron con sus planes navideños sin él. Querían pensar en los niños, además de que la familia entera rara vez se reúne; querían aprovechar.

En Nochebuena, la familia siempre se reúne en la Sala Blanca, una habitación alargada de color claro con una pintura en el techo que engaña al ojo, pues parecer el cielo, con faisanes y palomas en las orillas. El cuarto tiene dos chimeneas, sofás victorianos color crema, estatuas de mármol, un piano y vitrinas repletas de exquisitas figuras realizadas en jade, cuarzo rosa y amatista. Todas han sido regalos que cuatro generaciones de la familia real ha recibido. Hay pintura en las paredes y el techo recibe iluminación lateral proporcionada por lámparas pequeñas. Hay ventanales de piso a techo en la pared que da al jardín, así como un árbol de Navidad que llega hasta el techo, un picea de Norfolk que se cortó en la propiedad y fue decorado por el personal con los ángeles y los adornos de la Reina Victoria. La Reina siempre agrega el último manojo de ornamentos al llegar.

Dado que hay muchos espejos en el cuarto, incluyendo en las puertas y en el interior de todas las vitrinas, las luces pequeñas y las lámparas se reflejan y hacen que todo brille. La familia sigue la costumbre alemana de abrir sus regalos en Nochebuena. Cada integrante tiene su propia mesa cubierta con tela sobre la que hay regalos apilados. El Príncipe Felipe generalmente inicia las actividades. El hijo de la princesa Margarita, el Vizconde Linley, lo ha descrito como la "locura total". Los más grandes de la familia por lo general reciben muchos regalos de broma, mientras que a los niños les dan hermosos obsequios. Kate había estado experimentando con la preparación de jaleas y conservas ese año; le dio jalea de fresa y conserva de ciruela a la Reina. Todo siguió como de costumbre cuando la familia se reunió después para cenar. La Reina llegó a las 8:15 para tomar un martini seco y, como lo comenta Sarah, la Duquesa de York, en su autobiografía:

"Nunca se debe permitir que la Reina llegue antes que uno a la cena, sería el fin de la historia, llegar después sería una falta de respeto inimaginable." La cena de Nochebuena es de etiqueta. Generalmente incluye platillos como camarones de Norfolk, cordero o alguna carne cazada en la propiedad, así como algún pudín creado de fruta también de la propiedad.

La Navidad, como de costumbre, empezó temprano. Todo el mundo en la casa se levanta y se encuentra con una bota llena de regalos. Luego se reúne para tomar un veloz desayuno antes de ir a la iglesia a las 11 de la mañana. La familia siempre camina hacia la Iglesia de Sta. María Magdalena, que está en la propiedad de Sandringham y data de principios del siglo XVI. Tiene un púlpito de plata, una fuente de mármol florentino, una Biblia enjoyada y esculturas realizadas para honrar a la familia de la Reina en las paredes. Es una iglesia íntima para la comunidad local. El resto de la congregación está compuesta por personas que regularmente acuden a esta iglesia para tomar misa durante el año, aunque quienes asisten a la misa de Navidad necesitan anotarse en otoño para pasar las revisiones de seguridad requeridas. Adentro, está decorado con acebo y un árbol traído de la propiedad real. En el momento de la colecta la Reina, Felipe y Carlos dan un billete de 10 libras que está planchado y doblado de manera que la cabeza de la Reina queda visible. Fue el primer año de Kate en la realeza, así como su primera misa navideña en Sandringham. Para esa ocasión, se puso un abrigo color ciruela y un sombrero de Jane Corbett a juego, así como aretes nuevos en amatista verde de Kiki Mcdonough, que fueron su regalo de Navidad por parte de Guillermo. Durante la misa, el rector de Sandringham, el Reverendo Jonathan Riviere dijo: "Oramos por la Reina y la Familia Real, y hoy en especial oramos por el Príncipe Felipe y su pronta recuperación."

Tras caminar de vuelta a la casa, se sirvió vino con especias en la Sala Blanca antes de la comida. La familia se instaló en el comedor adyacente, que tiene paredes de nogal y caoba pintadas de "verde Braemar", o verde pistache, y que están decoradas con tapices españoles. Al centro está una mesa de caoba en la que se pueden sentar hasta 24 personas, y sobre ella hay candelabros de plata, flores, faisanes y perdices de plata. Cenan con platos blancos y azules de Copeland y beben en copas de cristal grabadas con las siglas EIIR. Los menús son en francés, que es como la Reina siempre los recibe. Comen pavo con castañas, relleno de hierbas y salsa de arándanos con todos los acompañamientos. También tienen unas galletas hechas especialmente para ellos rellenas de sorpresas y chistes.

De principio a fin, como siempre, la comida se realizó en una hora y media para que la familia pudiera pasar a la salita a ver el discurso de la Reina por televisión a las 3 de la tarde. La salita es un cuarto mucho más pequeño decorado en color crema y tonos neutros de tipo terroso, suavizados por tapices de Bruselas en la pared, tapetes antiguos en el piso y plantas en las esquinas. La silla de la Reina Madre se deja sin usar. Generalmente hay un rompecabezas a medio armar en alguna de las mesas laterales. La televisión generalmente se encuentra en un mueble, pero se saca cuando es momento de reunirse en sofás y sillas para observar en silencio. Siempre hay tiempo durante la tarde para relajarse o ir a caminar, con la opción de tomar el té de las 5, pero este año Guillermo, Enrique, Peter, Zara, Beatriz y Eugenia manejaron para ver a su abuelo en el hospital. En la tarde se reunieron para tomar una cena más ligera de carnes frías y pudines con vino. Luego se relajaron y organizaron juegos de mesa. En el pasado les gustaba jugar *Maratón*, *Turista* y *Quién quiere ser millonario*. Nadie se va a la cama antes que la Reina.

El día posterior es tan tradicional como el resto de la Navidad, pues la familia siempre sale de cacería. Un buffet de arroz con arenque, tocino, huevo, cereales y pan tostado se ofrece para que tengan energía a lo largo del día. El Príncipe Felipe generalmente era quien organizaba la cacería en los campos fríos y lodosos. Él, Carlos, Guillermo, Enrique, Eduardo y Peter Phillips siempre la disfrutan, pero Andrés un poco menos. Las mujeres los siguen para recoger faisanes, perdices y, de repente, algún pato. Comen en el centro de la propiedad, pues la familia se reúne en torno a un calentador de parafina para cocinar salchichas, calentar sopas, beber alcohol y té para mantenerse tibios. Ese año, a Felipe lo dieron de alta del hospital en la mañana y, tras agradecerle al personal del hospital que lo cuidó, lo llevaron en coche de vuelta a Sandringham con su familia. Aunque este año no pudo participar en la cacería, se reunió con ellos para la hora de la comida y estuvo ahí el resto de la temporada festiva.

Tras disfrutar su primera Navidad real, Kate le dio la bienvenida al año nuevo con su familia y con Guillermo en el hogar de los Middleton, en Bucklebury.

CAPÍTULO TRECE
"SLEDGE"

Kate pensaba que sólo iba caminando por las calles rumbo al trabajo, pero para quienes vieron las fotos, la banqueta era una pasarela y sus decisiones de moda eran analizadas e imitadas. El camino afuera de Boujis pronto empezó a considerarse una alfombra roja. Cuando ella iba a las tiendas era como si una modelo fuera contratada para una gran campaña publicitaria. Para cuando llegó el día de su boda, las fotografías que habían estado en los periódicos bien podrían haberse usado para la portada de *Vogue*. Sin así pretenderlo, Kate se había convertido en uno de los principales iconos de estilo del país. De un metro setenta y ocho centímetros de estatura y un cuerpo esbelto gracias a sus sesiones de tenis, natación y gimnasia, era perfecta como modelo. Se crearon páginas de Internet para documentar sus elecciones de moda. Trabajaban sin cesar para investigar dónde había comprado cada artículo, como si fueran detectives de la moda. Sitios como www.whatkatewore.com analizaban cada puntada de sus prendas elegidas. Además reportaban cada detalle de su actividades oficiales –explicaban qué estaba haciendo y por qué, en un lenguaje fácil y sencillo.

Fue detectada por el radar desde el momento en que Guillermo le dio la mano cuando ella estaba deteniendo su palo para esquiar, pero después del compromiso el interés en ella se fue hasta la estratosfera. Había aparecido en las páginas de periódicos y revistas durante seis años. Aunque su estilo con frecuencia se comentaba y copiaba, todavía no era noticia de primera plana, ya que reflejaba, principalmente, la forma de vestir de una chica elegante de Chelsea, o con su ropa informal y práctica para el campo. Durante esos seis años, lentamente encontró su estilo, y para cuando se convirtió en noticia de primera plana una y otra vez, ya tenía un aspecto que le favorecía. Es ahí cuando la gente realmente la miró de una nueva manera, y el "efecto Kate" entró en vigor. Su apariencia era muy diferente a la que había sido popular en los últimos años. Tras la moda bohemia y las faldas largas de Sienna Miller y el glamour sexy, *funky* y sofisticado de Cheryl Cole, la gente estaba lista para algo distinto. De repente llegó esta jovencita que prefería atuendos elegantes y dignos de una dama, pero que a la vez presumía un bronceado y una cabellera con movimiento que la hacían lucir joven y llena de vida.

"Todos siempre buscan gente nueva que represente la moda en este país", Alexandra Shulman, editora del *Vogue* británico, le dijo al *Daily Telegraph*. "Así que cuando llega una jovencita guapa con un perfil increíblemente alto, la tendencia es pensar que es algo bueno y aceptarla, y creo que el mundo de la moda lo ha hecho."

Se había tardado en encontrar su estilo. En la escuela usaba jeans, playeras color pastel con collares y pulsera, así como el pelo recogido con un pasador. Su tío Gary se interesaba más por las marcas de diseñador que su sobrina. Él se había comprado una bolsa Gucci y relojes caros. Para cuando llegó a la Universidad, alternaba entre ropa estudiantil, como jeans de corte masculino y suéteres deportivos, o un estilo casual pero elegante con pantalones de mezclilla con corte apropiado para usarse con botas, suéteres de *cashmere* y sacos hechos por un sastre. Fue cuando se mudó a Londres que comenzó a encontrar su camino. Tras un breve periodo de transición en el que se vistió con ropa que la hacía verse un poco mayor, se modernizó y revitalizó su guardarropa.

La gente empezó a ponerle tanta atención a su selección de ropa como a su elección de novio. Las prendas disponibles en tiendas exclusivas que ella usaba, se agotaban inmediatamente. Cuando cumplió 25 años, e incrementó la especulación con respecto a su compromiso, se puso un vestido sencillo de Top Shop en blanco y negro que costaba 45 libras. Al día siguiente, ya se había agotado.

Como buena chica londinense que salía a pasear seguido, su estilo era femenino, vaporoso y coqueto. Le gustaban los estampados florales, así como las prendas en blanco, crema o colores pastel. Un atuendo sencillo podría verse más femenino con un pequeño detalle como un listón, una orilla de encaje, un pequeño moño o un holán, pero nunca agregaba más de un elemento de este tipo por atuendo. Luego agregaba un toque de atractivo sexual, como un poco de escote, una cintura ceñida, un vestido envolvente que abrazara la figura o unas piernas descubiertas con un bronceado en tono oro. Combinaba bien los elementos y el resultado final le agradaba a hombres y mujeres. Su estilo chic de mujer de Chelsea incluía básicos para el verano como zapatos altos de French Sole o jeans blancos, mientras que en invierno, o en el campo, prefería prendas en gabardina o tartán, botas cafés de ante y sacos ajustados.

Le gustaba hacer compras en Kings Road, pero también disfrutaba de las ofertas en TJ Maxx. Le encantaba el centro comercial de descuento Bicester Village para comprar ropa a la moda de diseñador a precios rebajados. Respeta las opiniones de su mamá y las de Pippa; todas se han prestado ropa en alguna ocasión. De hecho, fue Carole quien le enseñó a Kate la tienda Moda Rosa, ubicada en el campo. A Kate le encantó descubrir que incluía muchas de sus marcas favoritas, incluyendo Temperley, Issa, Jenny Packham, Diane Von Furstenberg y Libélula.

Aunque tenía un par de piezas clave de joyería costosa, como su dije de diamante de Asprey, así como buenos pares de aretes de perlas y diamantes, usaba mucha bisutería, incluyendo grandes aretes colgantes y dijes adornados con piedras semipreciosas. Fuera de sus bolsas y sus lentes de sol de Chanel, pocas cosas en su guardarropa eran de diseñador –prefería prendas de Reiss, Zara y Jigsaw. Para las muchas bodas a las que empezó a ir, acostumbraba usar vestidos sedosos tipo fondo, sacos cortados por sastre y un tocado colocado al lado de su cabeza. A diferencia de otras mujeres altas, nunca ha tenido miedo de usar tacones de aguja altísimos. Para las bodas a las que asistió cuando tenía veintitantos, usó escotes más pronunciados así como peinados más sencillos. Esto lo invirtió en cuanto creció. Por supuesto, algunos atuendos no funcionaron tan bien como otros, como en las carreras de Cheltenham, de 2006, en la que se veía casi perdida adentro de un abrigo hasta el piso, botas aguadas y un gran sombrero de pieles, que además fue criticada porque estaba hecho de visón. El año siguiente, dos veces se presentó al mismo evento con una falda amplia y larga de tweed, primero con un saco del mismo material y luego con una mascada con diseño de cachemira y un chal. Tal cantidad de tela casi la asfixiaba y la hacía verse mayor.

Sin embargo en dos Boodles Boxing Balls dejó en claro que era capaz de dejar a la gente con la boca abierta. Usó prendas que sorprendieron, de colores audaces, escotes extremos al frente y siluetas ceñidas con cinturas marcadas y detalles que acentuaban su femineidad. En 2006, optó por un diseño de BCBG Max Azria. En 2008, por uno de Issa. Además, logró que no sólo Guillermo, sino también otras personas, se fijarán en ella por la ropa que usó cuando atravesó la breve separación, pues optó por atuendos juveniles y sexys, apropiados para una chica fiestera, con estampados atrevidos, colores brillantes, faldas cortas, estómago descubierto y hombros al aire. Los tonos vivos del verano y las faldas más cortas se mantuvieron cuando regresó con Guillermo.

El "efecto Kate" se popularizó al máximo con el vestido que usó para anunciar su compromiso. Era de una de sus marcas favoritas –Issa, creada por la diseñadora brasileña Daniella Helayel. El traje de satín color azul medianoche, el zafiro de Diana, un collar de diamante y lapislázuli discreto, una cabellera oscura y brillante, rosa en sus mejillas y ojos centelleantes constituyeron la primera imagen icónica de Kate. Y no fue la última. El vestido de boda, para muchas mujeres, es el más importante en sus vidas; en el que más gastan, el que inspeccionan más que otros. Para cerrar una gran colección, los diseñadores de modas siempre mandan a su musa a desfilar por la pasarela con vestido de novia. Para Kate tenía que ser, además, un símbolo de que se convertía en integrante de la realeza. La creación color marfil en seda y encaje incluso tuvo su propia exhibición y se convirtió en su segunda prenda icónica.

El estilo de Kate también cambió ligeramente tras la boda. Todavía lucía como ella misma, pero en una versión más elegante. Empezó a preferir vestidos más estructurados, con bastillas generalmente más largas y escotes más altos. Ahora ya pertenecía a la realeza y sería vista en situaciones más variadas que antes –la verían con atuendos de todo tipo, incluyendo informales de día, formales de día, apropiados para reuniones de negocios, para la Iglesia, para deportes, informales para la noche y de etiqueta. Tenía que acostumbrarse a muchos retos de la moda, que sin duda parecen superficiales si se analizan ampliamente, pero era increíblemente importante hacer todo bien. Después de todo, la criticarían rápidamente si se equivocaba.

Es un hecho que las apariencias son importantes para los miembros de la familia real. Se deben considerar muchos factores. Había ciertos lineamientos de etiqueta respecto a lo que debía usarse para ciertos eventos.

Para seguir los pasos de las mujeres reales más importantes, empezó a usar más colores brillantes, particularmente el azul, que eligió para su vestido de compromiso, para su atuendo de viaje posterior a la boda, para el primer día de la gira canadiense, para la primera actividad pública con la Reina, para su primer discurso y para el día que dejó el hospital tras anunciarse su embarazo. Conoce la vestimenta adecuada para distintos eventos: usa tweed cuando va a las carreras, ropa blanca cuando va a Wimbledon, verde si es el Día de San Patricio, tela a cuadros para el Día de San Andrés, narcisos en la solapa para el Día de San David y prendas en rojo, crema y azul para los eventos del Jubileo de Diamante. La nobleza generalmente no usa negro, y la Reina lo reserva sólo para los funerales, el Día de la Remembranza y para cuando está con el Papa. Sin embargo, Kate rompió con la tradición y usó un espectacular vestido hasta el piso que no tenía tirantes. Estaba realizado en terciopelo negro y lo llevó a los Premios Militares *Sun*, de 2010. Iba acompañado por un impresionante collar de rubí con pulsera y aretes a juego. La mayoría del tiempo se apega a las reglas pero, dado que confía en sí misma, sabe cuándo puede romperlas un poco.

En su gira usó alrededor de tres atuendos por día, y lo quisiera o no, necesitaban complementarlos con accesorios y joyería. Requería atuendos de repuesto en caso de que cambiara el clima o por si hubiera un accidente, además de muchos pares de medias de repuesto.

Fue especialmente interesante ver que en la gira canadiense las fotografías exhibidas en línea se actualizaron constantemente cada día durante casi dos semanas. Usó más de 20 atuendos, uno tras otro, y, para algunos, casi parecía una muñeca con muchos cambios de ropa.

¿Qué se pondría la "Kate deportiva"? ¿O la "Kate de gala", o la "Kate vaquera"? Al ser de la nobleza, tenía la responsabilidad de ser diplomática y, con ayuda de consejeros reales, lo logró con aplomo. Cuando se fue a la gira canadiense, para mostrar respeto por los lazos históricos de Canadá con Francia, se puso un vestido del diseñador francés (Roland Mouret) y un saco de un diseñador canadiense (Smythe Les Veste), seguido por un vestido de un diseñador nacido en Montreal (Erdem Moraloglu), para su llegada y su bienvenida oficial a Canadá. Al día siguiente, el Día de Canadá, mostró respeto por el emblema nacional del país al usar un sombrero con una hoja roja de maple y un prendedor de diamante en forma de hoja de maple, que había sido obsequio para la Reina Madre durante su primera gira por Canadá, en 1939. Kate usó otra creación de Erdem en la ciudad de Quebec, un vestido de aire náutico ideal para el pueblo al lado del mar llamado Charlottetown; además portó botas de vaquero y joyería de turquesa de la diseñadora local Corrie McLeod, cuando fue al rodeo en Calgary.

Luego, utilizó moda de la diseñadora estadounidense Diane Von Furstenberg en su primer día en Estados Unidos. Sin embargo, también apoyó a los diseñadores británicos durante su gira, pues lució ropa de Alexander McQueen, Jenny Packham y Catherine Walker, además de prendas exclusivas británicas, junto con muchos accesorios de LK Bennett y un atuendo de Whistles. Tal furor causó la moda de Kate, que LK Bennett abrió una gran tienda en Nueva York al año siguiente y Reiss tuvo una expansión significativa en Estados Unidos. Mary Alice Stephenson, anterior editora de moda de *Vogue*, dijo: "Aunque puede ser que esté apoyando a las marcas británicas, la manera en que Kate se viste es muy estadounidense, pues usa ropa deportiva clásica con un giro novedoso. Kate está impulsando el nuevo talento local y dándole nueva vida a marcas británicas icónicas y tradicionales." Y sin duda lo hizo, aunque muchas marcas británicas habían tenido un declive en ventas, seis meses después de la boda y la gira canadiense, LK Bennett tuvo un incremento de 15 por ciento y Reiss uno de 10 por ciento. Alexandra Shulman de *Vogue* comentó:

"Creo que lo que usa realmente se traduce en dinero, y eso es un impulso fabuloso para la industria del país."

Para su segunda gira real, realizada por Asia en 2012, Kate y Guillermo visitaron los Jardines Botánicos de Singapur para conocer unas orquídeas que habían sido bautizadas en honor de la Princesa de Gales y de ellos mismos. Para este compromiso, Kate usó un vestido de seda color rojo, de Jenny Packham, que había sido creado especialmente para la ocasión; llevaba orquídeas pintadas a mano. Al día siguiente, utilizó un vestido de seda con estampado violeta realizado por Prabal Gurung, nacido en Singapur, en una recepción por la noche. Luego, para una cena estatal formal en Malasia, pidió que la flor nacional, el hibisco, se bordara en su vestido de Alexander McQueen. También portó un vestido del local Raoul, quien había sido una de las estrellas de la Semana del Moda de Singapur. Hilary Alexander, editora de moda del *Daily Telegraph*, también indicó que Kate no sólo estaba poniendo atención a lo más obvio, pues "No sólo hizo un perfecto uso del simbolismo, sino que los cortes de su vestido también eran apropiados. Cada vestido tenía cierta similitud con la ropa nacional, como sucedió con el vestido de Jenny Packham con cuello en V. Era similar a las blusas que usan las mujeres en Singapur". Kate incluso usó un vestido de Project D cuando se detuvieron brevemente en Australia en el camino de regreso, pues de ahí proviene la diseñadora de la marca, Dannii Minogue.

De manera sensata, Kate escucha a sus mayores; en los eventos, la Reina desde hace décadas ha mostrado un discreto respeto por la selección de ropa de quienes la rodean. Kate ha aprendido al verla. Las damas de la realeza con frecuencia encuentran diseñadores con los que se sienten cómodos y se vuelven fieles a ellos. A la Reina le agradan los creadores de moda Angela Kelly y Stewart Parvin. En años recientes ha usado contrastes de color, y siempre complementa su atuendo con zapatos negros con tacón de seis centímetros, y un bolso de Launer. La mayoría de sus sombreros, diseñados por Rachel Trevor Morgan, nunca cubren su cara; todavía le gusta ponerse guantes de Cornelia James. Kate sigue el ejemplo de la Reina y se ha comprado varios pares de guantes de Cornelia James, y se puso su propio sombrero de Rachel Trevor Morgan cuando fue a Nottingham con la Reina como parte de las celebraciones del Jubileo de Diamante.

Por su parte, Camilla, la Duquesa de Cornualles, es aficionada a los atuendos de Anna Valentine y los sombreros de Philip Treacy. Sofía, la Condesa de Wessex, con frecuencia porta moda de Bruce Oldfield o Roland Mouret con sombreros de Jane Taylor. Fue Sofía quien le mostró a Kate la bisutería de Heavenly Necklaces, y Kate compró un par de aretes suyos que solo costaron 40 libras, y que llevó a la misa del Jubileo de Diamante, en la iglesia de St. Paul.

La propia Kate ha estado encontrando su camino, mezclando diseñadores y marcas exclusivas. Se ha vuelto experta en combinar sus prendas para que duren más y se puedan aprovechar mejor. Alexander McQueen se ha vuelto un evidente favorito para muchas ocasiones. No había usado nada de McQueen antes de la boda; eligió que esa casa de diseño le hiciera el vestido de novia. Una amiga le había recomendado a la diseñadora en jefe, Sarah Burton, quien también había diseñado el vestido de novia de Laura, la hija de la Duquesa de Cornualles. Kate ha solicitado, desde entonces, ayuda de esta casa de moda casi siempre que necesita un vestido largo, así como otros artículos, incluyendo abrigos, vestidos diurnos, cinturones, bolsos y chamarras.

Para vestidos formales de día, con frecuencia usa los de Jenny Packham, Amanda, Wakely, Temperley y Reiss. En cuanto a sombreros, generalmente prefiere los de Jane, Corbett y Sylvia Fletcher, así como las bolsas de Anya Hindmarch y Emmy Scarterfield, y los jeans de J Brand y Zara. Su sello distintivo, sin embargo, es el tacón *sledge* de LK Bennett; lo ha llevado a eventos del Jubileo de Diamante y también a la jungla en islas tropicales. También le ha gustado usar bolsas y abrigos de LK Bennett, así como calzado de Stuart Weitzman y bolsas que se venden en Russell y Bromley. En cuanto a joyería, le agrada la de Links of London y Tiffany, pero su favorita es la de Kiki Mcdonough, quien ha estado diseñando joyería desde hace 25 años. La conexión de Kiki con la realeza empezó con la generación previa a Kate, cuando Sarah Ferguson eligió un par de anillos suyos para su retrato de compromiso. A Diana también le gustaban los diseños de Kiki, y una generación después se ha convertido en la favorita de Kate en cuanto a aretes, ya sea que provengan directamente de la tienda o que se hagan especialmente para ella.

El presupuesto de ropa para Kate ahora proviene de su suegro, el Príncipe Carlos. Las casas de modas le envían una gran cantidad de ropa cada semana, pero tiene que devolverla con una nota cortés, puesto que la familia real no puede promover nada a cambio de regalos. Al igual que la mayoría de la gente, incluyendo muchos nobles, Kate con frecuencia usa el mismo atuendo en ocasiones distintas. Sin embargo, todo el mundo, desde Vivienne Westwood hasta Kelly Osbourne ha opinado con respecto a sus decisiones de ropa. Vivienne opina que debería reciclar sus atuendos más seguido y Kelly opina que sólo debería usar una cosa cada vez. Sabiamente, Kate escucha los consejos de la Reina y de su mamá, y hace lo que considera mejor.

Sus decisiones de moda también pueden usarse para atraer atención a ciertos problemas. Ha apoyado a la compañía de ropa realizada éticamente llamada Beulah London, que fue fundada en 2009 por la amiga de Guillermo (y pareja de su ex novio Rupert Finch) Lady Natasha Rufus Isaacs y su amiga Lavinia Brennan. Las dos amigas visitaron la India, en donde trabajaron con mujeres víctimas de abuso y rescatadas de la industria sexual. Les enseñaron inglés y técnicas de costura en refugios en los barrios bajos de Delhi. Poco tiempo después, también lanzaron el Fideicomiso Beulah, que ayuda a fundar la capacitación de mujeres que han sufrido algún tipo abuso.

Kate también eligió ponerse, para un evento público, una pulsera naranja y morada de Smarties, diseñada por Imogen, la madre del músico Ed Sheeran Imoden, había empezado a diseñar joyería llamativa inspirada en los dulces después de que se eliminó el presupuesto para un programa de arte para jóvenes con el que estaba trabajando. Los Hospicios Infantiles de Anglia del Este le pidieron que desarrollara una pulsera y se promovió con la prensa. Incluso una amapola hecha con joyas inspirada en la Legión Británica que Kate usó en cierta ocasión al asistir a un compromiso fue mencionada con su precio en la página de internet What Kate Wore.

A Kate generalmente no le gusta la joyería ostentosa. Algunas de sus piezas preferidas incluyen un anillo con granate y perlas, que son elementos que representan los meses de nacimiento suyo y de Guillermo, un par de aretes verdes de amatista de Kiki Mcdonough que fueron un regalo de parte de Guillermo y su dije incrustado con diamantes de Asprey. Su joyería habitualmente es muy sutil y discreta, de modo que el efecto es más deslumbrante cuando se arregla al máximo, como ocurrió con el juego de rubí utilizado en los Premios Militares de *The Sun*, o con el impresionante juego de diamantes que el Príncipe Carlos le dio cuando se casó. Consistía en una pulsera ancha y aretes colgantes, y se los puso cuando fue al evento de In Kind Direct, en donde representó a Carlos, y a la premier de gala para la realeza de *Caballo de Guerra*. Otra destacada pieza favorita es la pulsera de dijes que le dio Camilla como regalo de bodas, un sencillo disco de plata y de un lado cuelga el símbolo real de Kate (una *C* garigoleada con una pequeña corona), y del otro, el de Camilla (una C sencilla con una pequeña corona).

Elizabeth Taylor se hizo famosa por sus ojos violeta, Julia Roberts por su sonrisa y Angelina Jolie por su boca carnosa. En el caso de Kate, su punto destacado es la cabellera oscura y brillante. Desde su tardía adolescencia la ha usado larga. Es naturalmente rizada, y se revirtió a su estado natural por la humedad del bosque de lluvia de Borneo, durante la gira por Asia del Jubileo de Diamante. Así solía usar su cabello cuando estaba en St. Andrews. No fue sino hasta que se mudó a Londres y empezó a ir con Richard Ward para que la peinara que se convirtió en la reina del brillo y el movimiento. Su estilista James Pryce dejó el salón de Richard Ward a fines de 2011, así que se llevó a Amanda Cook Tucker, quien le ha cortado el pelo a Guillermo y Enrique desde que eran niños pequeños, a la gira por Asia. Dejó de trabajar con James Pryce tras la partida de Richard Ward porque había una política de "no robarse a los clientes". Kate evidentemente necesitaba que alguien la acompañara para sus compromisos de esa época, y fue entonces que eligió a Amanda. Ha experimentado con flecos y con luces que hacen que su cabellera parezca besada por el sol, pero siempre ha regresado a tintes vegetales y discretos rayos oscuros.

Kate también tiene la fortuna de contar con una piel hermosa. Le gusta lucir un aspecto sano y radiante. La han criticado un poco por usar demasiado delineador de ojos y pintarse las cejas de manera que lucen demasiado gruesas y oscuras, pero ambas cuestiones se han suavizado. Le agradan los productos de Bobbi Brown que adquiere en la tienda departamental Peter Jones en Kings Road. En el pasado, se instalaba en un banco para recibir consejos de parte del personal de Bobbi Brown, y en varias ocasiones se compró sombra de ojos en polvo en color "café silla de montar" para oscurecer sus cejas y hacerlas lucir más gruesas, delineador de ojos en el color "tinta espresso" y delineador y labios casi imperceptible en color "rosa brownie", así como lápiz labial a juego en "tul de sándwich". Su rutina para el cuidado de la piel es sencilla. Ha utilizado un juego de productos antiarrugas de Bobbi Brown que consiste en tres pasos: crema para ojos, corrector facial y corrector. También ha usado productos para la piel de Karin Herzog, y humectante de Nivea. Camilla también le recomendó a Kate los faciales a base de veneno de abejas que se ofrecen en la Clínica Hale, y se sabe que Kate ha usado la mascarilla de veneno de abeja en su casa. Refresca la piel y se le conoce como una alternativa natural al Botox.

CAPÍTULO CATORCE
KATE, LA SANTA PATRONA
COOL DE BRITANNIA

A principios de 2011, con la boda a la vuelta del esquina, el futuro de la familia real era favorable. Un año después, se pintó de rojo, blanco y azul. Kate, naturalmente, tendría un papel dentro de las celebraciones del Jubileo de Diamante. Además, sería embajadora para el Equipo de Gran Bretaña y los Paralímpicos de Gran Bretaña, junto con Guillermo y Enrique. De igual forma, tendrían una presencia muy visible en los Juegos Olímpicos, que pronto se realizaron. Hablar de bebés pasaría a segundo plano pues lo primero era apoyar a la Reina y al país. También fue un año de muchas cuestiones que Kate experimentó por primera vez; se anunciaron sus primeros patrocinios a la caridad, realizó su primera actividad oficial sola, dio su primer discurso, posó para su primer retrato y asistió a su primera fiesta en el jardín del Palacio de Buckingham.

El 5 de enero de 2012 se anunció que Kate iba a patrocinar a cuatro instituciones de beneficencia: la Galería Nacional del Retrato, los Hospicios Infantiles de Anglia del Este (EACH, por sus siglas en inglés); Action on Addiction, que brinda apoyo y educación para los adictos y sus familias, y The Art Room, una organización que ayuda a los niños con problemas emocionales y de comportamiento. También comenzaría a trabajar como voluntaria con las Scouts, lo que fue lógico considerando que ella había sido *Brownie*. Con regularidad, hacía voluntariado con la división de Anglesey dedicada a niñas de 8 a 10 años.

Los patrocinios son una de las principales áreas para cada miembro de la familia real. A lo largo de los años pueden dar apoyo para recaudar fondos, así como ayudar a crear conciencia, a muchos proyectos e iniciativas. Sin embargo, cuando patrocinan organizaciones, la conexión es mucho más profunda. Por lo general, tiene que ver con algo muy cercano a su corazón. Serán patrocinadores de por vida: ayudarán a conseguir fondos y a concientizar, no sólo a la institución elegida, sino al área en la que ésta se enfoca. La Galería Nacional del Retrato fue una decisión natural para Kate, dado su título de historia del arte, además de que le apasiona la fotografía e incluso consideró dedicarse a ella profesionalmente en cierto momento.

Además, era claro que Kate siempre se ha interesado por los niños vulnerables. Las visitas al hospital infantil y al centro para adolescentes sin hogar en Quebec, así como el proyecto de arte para chicos marginados en Los Ángeles, fueron muy importantes en la gira del año previo, aunque su interés realmente inició cuando iba a participar en una carrera de barcos dragón con fines benéficos cuando había cortado con Guillermo. En ese entonces, ella esperaba recaudar dinero para dos hospicios infantiles. En los años posteriores, se involucró con la Fundación Infantil Starlight y la DayGlo Midnight Roller Disco, que recaudaron fondos para el aula infantil de un hospital. Así que no fue sorpresivo que los otros tres patrocinios de Kate se relacionaran con los jóvenes.

Aunque Action on Addiction no brinda apoyo exclusivamente a los jóvenes, Kate se acercó a este grupo en primer lugar por su interés en el bienestar infantil. Como lo explicó el director general de la organización, Nick Barton: "Estaba interesada en los jóvenes y dijo que cuando se involucraba en ese tema, generalmente veía que los rodeaba la adicción." Abordar el tema de la adicción fue una decisión audaz para una integrante de la familia real. Después, el comediante John Boshop, quien junto con Kate lanzó un servicio de orientación para jóvenes llamado M-Pact, dedicado a chicos con padres adictos al alcohol y a las drogas dijo: "Me parece maravilloso que la nobleza esté abordando problemas crudos, feos, sucios y difíciles, como la adicción. Podrían destinar su tiempo y dinero al Teatro Nacional, lo cual a nadie le parecería mal. Pero esto tiene que ver con gente que se inyecta en los baños. Es algo que uno no imaginaría que les interesaría abordar. Y es fantástico."

Antes de que iniciara el remolino de compromisos oficiales, Kate y Guillermo asistieron a la premier de gala para la realeza de la película *Caballo de Guerra* de Steven Spielberg. Al siguiente día, celebró su cumpleaños número 30 con amigos y parientes en el comedor privado de un restaurante de Kensington. Como había ocurrido en muchos años anteriores, poco después se despidió de Guillermo, pues él se iba a otro curso de entrenamiento. Sin embargo, esta vez no se quedó sola, pues la pareja se había convertido en los orgullosos dueños de un nuevo cachorro cocker spaniel negro llamado "Lupo", descendiente de "Ella", la perra de los padres de Kate. Guillermo iba a pasar siete semanas en su entrenamiento de helicópteros en las Malvinas. Kate estaría ocupada en su ausencia. No sólo tenía que cuidar a la nueva mascota, sino que se estaba esforzando en su nuevo trabajo.

Su primer compromiso sola fue el 8 de febrero. Consistía en promover el lanzamiento de una muestra de Lucian Feud en la Galería Nacional del Retrato. La muestra se había planeado durante cinco años y se iba a ligar con las Olimpiadas y el año del Jubileo. Kate sabía la importancia del evento. Sandy Nairne, quien dirigía la galería, dijo respecto a su asociación con la Duquesa: "Es algo completamente maravilloso porque es una excelente persona y creo que también es un magnífico modelo a seguir, especialmente para acercarse a gente joven que de otra manera no podríamos alcanzar." También enfatizó la importancia de lo profundo que ella se había involucrado, y agregó: "Es alguien que se interesa por las demás personas. En algunas ocasiones he estado con ella cuando nos ha visitado y he visto que es alguien que realmente pone atención. Logra una gran diferencia en la gente que conoce, influye sobre cómo se sienten con respecto a sí mismos y a su labor."

El Día de San Valentín, no sólo recibió flores de parte de Guillermo, sino también docenas de tarjetas y rosas de los niños del Hospital Infantil Alder Hey de Liverpool, que ella había ido a visitar; en aquella ocasión aprovechó para hacer un recorrido por un bar libre de alcohol patrocinado por Action on Addiction, llamado *The Brink*. Nick Barton recordó la junta que sostuvieron el otoño pasado, cuando se reunieron para discutir los orígenes de la adicción: "Hizo preguntas muy inteligentes. Nos visitan muchas personas y a veces uno piensa 'esa no es una pregunta muy razonable', pero ella parecía haber analizado las cosas." Antes de fines de mes, también había ido a Oxford a analizar el trabajo realizado por Art Room, en la Escuela Primaria Rose Hill.

El mes siguiente, se unió a los demás integrantes de la familia real. Se llevó muy bien con ellos. La Reina jamás invitó a Diana a unirse a actividades de este tipo, pero el 1 de marzo invitó a Camilla y a Kate a la exclusiva tienda de alimentos Fortnum & Mason para ver la remodelación que se había realizado, recorrer la tienda e inaugurar el Salón de Té Jubileo de Diamante. Kate estuvo una vez más con la Reina, y con el Príncipe Felipe, en Leicester, en donde fue la primera visita de la Reina relacionada con el Jubileo de Diamante. Vio a la Reina recorrer el país para conocer y ver a tantos súbditos como le fue posible durante su año especial. Kate luego jugó hockey con el equipo olímpico y acompañó a Carlos y a Camilla a la Galería del Retrato de Dulwich para ver las creaciones de los niños, como parte de la labor de la Fundación del Príncipe para los Niños & las Artes.

También entregó tréboles a la Guardia Irlandesa el día de San Patricio, lo que había sido una tradición real desde hacía más de 100 años. Decidió dar su primer discurso en un hospicio infantil llamado "The Treehouse", que había sido fundado por EACH. Había expresado interés en esta organización de caridad en específico porque no sólo trabaja con niños y sus familias dentro de los hospicios, sino también dentro de la comunidad. Mientras estuvo ahí, pasó tiempo con un paciente de cáncer de cuatro años de edad llamado Mackenzie Cackett y con su familia. Ese mismo año, cuando el niñito falleció. Kate les escribió a sus padres para expresar la tristeza que sentía ante la noticia. "Para quienes no sepan mucho del tema, para hablar con familias que tienen un hijo que morirá, es necesario tener mucha seguridad y también muchísima empatía", explica Tracy Rennie, quien dirige el área de cuidado de EACH. "En este caso en particular, se había interesado tanto que le preguntamos a la familia si quería que nosotros se lo contáramos a ella." También demostró exactamente por qué es tan buena en este papel, pues se acordó de que le interesaba *Bob Esponja*. Tracy explica: "Cuando el niño ha muerto, los recuerdos son lo más importante, y ella fue maravillosa con la gente que conoció. Se interesó mucho por ellos y por sus familias, por eso tenía esos recuerdos y eso fue algo muy especial para ellos."

En medio de sus compromisos, tenía juntas con organizaciones de caridad y clases privadas sobre el gobierno, los medios y las artes para ayudarla a prepararse para su futuro. En su tiempo libre paseaba a Lupo en los Jardines de Kensington, se juntaba con amigos para comer en el restaurant

Bluebird, jugaba tenis con Pippa, en el club Harbour, y nadaba en la alberca del Palacio de Buckingham. Cuando Guillermo regresó, celebraron con un paseo para esquiar en Meribel con los Middleton y luego hicieron una serie de actividades como pareja, por ejemplo a la premier de *Felinos africanos*, realizada con Tusk Trust.

Alrededor de la fecha de su primer aniversario de bodas, al final de abril, se comentó que ella y Guillermo fueron los primeros futuros monarcas en 200 años que no habían concebido en su primer año de matrimonio. Pero ambos tenían otras prioridades antes de iniciar una familia. Guillermo quería seguir trabajando como piloto de búsqueda y rescate; Kate quería adaptarse con tiempo a la vida dentro de la realeza. Además, ambos eran embajadores para las Olimpiadas, e iban a tener papeles clave durante las celebraciones del Jubileo de Diamante, lo que significaba que estarían muy ocupados en verano. Luego, en el otoño se iban a ir a Singapur, Malasia y al Pacífico del Sur para representar la Reina durante su Gira del Jubileo de Diamante.

Kate asistió a su primera fiesta en el jardín del Palacio de Buckingham a fines de mayo con la Reina, Carlos y Camilla. Estas fiestas se realizan cada año para recompensar a quienes han realizado una labor pública. Luego llegó el primero de los dos eventos principales de 2012.

Las celebraciones del jubileo se dieron durante tres días, del 3 al 5 de junio, y marcaron el aniversario 60 de ascenso de la Reina al trono. El festejo del río iba a ser la joya de la corona de los eventos. No se había planeado algo así en 300 años. Desafortunadamente con el clima británico no hay garantías. Aunque fue en junio, estaba helado, con terrible viento y algo de lluvia. Sin embargo, eso no detuvo al 1.5 millones de personas a bordear el Támesis para saludar, echar porras y gritar. Ni a los millones adicionales que organizaron fiestas en las calles de todo el país. Y definitivamente no detuvo a los participantes del evento, que incluían atletas olímpicos y paralímpicos, además de veteranos de la Segunda Guerra Mundial. Algo sin precedentes fue que la familia de Kate formó parte de la celebración; Michael, Carole, Pippa y James viajaron en el barco Elizabethan, junto con el jefe de las Olimpiadas, Lord Coe, y el antiguo paje del príncipe Carlos, Michael Fawcett.

Kate decidió ponerse un vestido escarlata de Alexander McQueen para el gran día, con un sombrero de Silvia Fletcher a juego. Agregó un prendedor con la cresta del Servicio de Submarinos de la Naval Real, que incluía dos delfines y una corona. Ella, Guillermo y Enrique abordaron la embarcación real llamada Spirit of Chartwell junto con la Reina, Enrique, Carlos y Camilla. Viajaron por el río parcialmente protegidos de la lluvia por un techo. Aunque un par de asientos decorados se habían creado para la Reina y el Príncipe Felipe, ellos dos, que tienen 86 y 91 años respectivamente, permanecieron parados todo el camino. "De hecho creo que nunca se sentaron", dijo después la Princesa Ana durante el documental de ITV Our Queen. "Hubieran sentido que estaba totalmente mal no estar ahí."

Felipe fue hospitalizado al día siguiente por una infección en la vejiga; sin embargo, había cumplido su tarea. Él y la Reina habían lucido estoicos, agradecidos y orgullosos.

Al día siguiente, Kate, Guillermo, Enrique, Beatriz, Eugenia, Peter y Zara estuvieron presentes en el palco real para el concierto del Jubileo de Diamante, organizado por Gary Barlow. A diferencia del día anterior, era una tarde cálida y dorada que se derritió hasta convertirse en noche. Se presentaron: Stevie Wonder, Sir Tom Jones y Kylie Minogue. El concierto del Jubileo de Oro, realizado 10 años antes, se había hecho en la parte trasera del Palacio de Buckingham, en el jardín. Gary Barlow había deseado que se incluyera más gente para este concierto. Por esta razón, se realizó cerca de la famosa creación para recordar a la Reina Victoria que está enfrente del palacio, de manera que miles de personas podían llenar la zona y disfrutar la música y el ambiente.

Robbie Williams abrió el evento con "Let Me Entertain You", le siguió Shirley Bassey, que cantó la muy apropiada "Diamonds Are Forever". Grace Jones usó un aro hula al interpretar "Slave to the Rhythm" antes de que Sir Elton John interpretara "Your Song", y que el escenario quedara bañado por luz de color fucsia. Kate estuvo riéndose, bromeando y ondeando su bandera del Reino Unido con Guillermo y Enrique durante el concierto, mientras que los comediantes Rob Brydon y Miranda Hart tomaron el escenario.

La Reina se perdió el principio, pero llegó a tiempo para la presentación especial del sencillo del Jubileo de Diamante, "Sing", con cantantes y músicos de todo el mundo que se presentaban junto con el Coro de las Esposas de la Milicia. Por todo el Palacio de Buckingham se proyectaron pétalos cuando los cantantes clásicos Alfie Boe y Reneé Fleming interpretaron "Somewhere". Se proyectó una hilera de casas cuando Madness subió al techo para cantar "Our House". El espectáculo lo cerró Sir Paul McCartney, que animó a la multitud a cantar masivamente "Ob-La-Di, Ob-La-Da" mientras que se proyectaba una bandera del Reino Unido en la parte frontal del palacio y explotaba una exhibición de juegos pirotécnicos por todos lados. Después, La Reina y Carlos subieron al escenario con todos los intérpretes, para que Carlos pudiera rendir tributo a su mamá, y a su padre que estaba en el hospital.

A pesar de que Kate y los miembros más jóvenes de la familia luego socializaron en una fiesta, donde Carole Middleton le dijo a Cheryl Cole que tenía los "hoyuelos en las mejillas típicos de los Middleton", todos necesitaban levantarse temprano a la mañana siguiente para la misa de Acción de Gracias, en la Catedral de St. Paul. Culminó la celebración del jubileo en cuanto aparecieron en el balcón del Palacio de Buckingham integrantes clave de la familia real. Aunque generalmente el balcón está repleto de muchos integrantes de la familia inmediata de la Reina, incluyendo a sus hijos, los hijos de ellos y sus primos, esta vez hubo una diferencia muy marcada. Como Felipe seguía en el hospital, el grupo sólo estaba formado por la Reina, Carlos, Camilla, Guillermo, Kate y Enrique. El mensaje era claro: ésta era la familia real en su mínima expresión, la familia real del futuro. A los lados de la Reina estaban Carlos y Guillermo: el primero y segundo que están en línea al trono.

La familia real estaba feliz. Hubo una década de pesar y cambios, pero las cosas nuevamente estaban bien. Todos estaban contentos y el futuro se veía favorable. Guillermo antes había sentido que el peso de su futuro lo agobiaba, y a veces se sentía comprensiblemente desanimado, pero ya había aceptado su destino y estaba disfrutando de la vida con Kate a su lado.

El resto del verano lo ocuparon las Olimpiadas y los Paralímpicos. Kate estuvo allí con Guillermo y Enrique cuando la llama Olímpica pasó por el Palacio de Buckingham (la Reina y el Príncipe Felipe la vieron pasar ante el Castillo de Windsor) y estuvo junto a la Reina, Enrique y Guillermo durante la ceremonia de inauguración del estadio. Vieron cómo se elevaron grandes chimeneas industriales desde los prados, así como cientos de camas, del Servicio de Salud Nacional, iluminadas y con niños brincando, mientras que los aros olímpicos parecían llover entre tormentas de fuego.

Sin embargo, las Olimpiadas no sólo incluían el espectáculo inaugural. Durante las siguientes semanas, Kate asistió a eventos casi todos los días. Vio a Zara, la prima de Guillermo, llevarse la victoria. También vio tenis, ciclismo, atletismo, hockey, natación, gimnasia, handball, velerismo, boxeo y nado sincronizado. Visitó la casa del equipo de Gran Bretaña y conoció a Sophie Hosking, que se llevó la medalla de oro en remo. No sólo acudió a eventos con su esposo y su cuñado, sino que también vio el velerismo con la Princesa Ana y el boxeo con Timothy Lawrence, esposo de Ana. Fue en el velódromo, después de que Sir Chris Hoy corrió rumbo a la victoria, que ella y Guillermo saltaron, se pusieron de pie y se abrazaron. Estuvieron ahí con Enrique durante el Súper Sábado, en el que Jessica Ennis, Greg Rutherford y Mo Farah ganaron el oro olímpico para Gran Bretaña.

Como la Reina estaba tomando un bien merecido descanso de verano en Balmoral tras los meses que duraron las actividades del Jubileo de Diamante, y con Guillermo ocupado con su equipo de búsqueda y rescate, le tocó a Enrique fungir como el integrante principal de la familia real para la ceremonia de clausura. Lo acompañó su cuñada Kate. Fue muy significativo el hecho de que Enrique fuera el principal noble presente, pues demostró lo mucho que la Reina empezaba a confiar en él.

Durante la inauguración de los Paralímpicos, dos semanas y media después, Kate se sentó entre Guillermo y Ana. Durante los siguientes dos días acudió a eventos de ciclismo, *goalball*, remo, atletismo y nado. Estuvo ahí con Guillermo, Sofía, la Condesa de Wessex, y su hija Lady Louise Windsor, quien se sentó a su lado, para ver cuando la ciclista Sarah Storey ganó la primera medalla de oro para Gran Bretaña, el primer día. También estuvo ahí para ver a Jonathan Fox ganar el segundo oro en nado varonil de 100 metros.

Ahora que había completado sus tareas públicas, era momento de pensar en actividades menos oficiales, lo que por suerte iba de la mano con lo que ella misma deseaba. Era momento de intentar tener ese bebé que había estado en la mente de las personas, incluso antes de aquel beso en el balcón del año anterior...

CAPÍTULO QUINCE
INVASIÓN A LA PRIVACIDAD

Carlos y Camilla viajaron a Australia, Nueva Zelanda, Papúa, Nueva Guinea y Canadá; el Príncipe Enrique se fue a Belice, las Bahamas y Jamaica; el Príncipe Andrés a la India; Eduardo y Sofía visitaron una gama de islas caribeñas; la Princesa Ana viajó a Mozambique y Zambia. La Reina había visitado tantos lugares como le fue posible durante su año del Jubileo de Diamante: acudió a fiestas de té y ferias locales en distintos puntos del país; le pidió a los miembros más jóvenes de su familia que la representaran en el extranjero.

Kate y Guillermo iban hacia el oriente. Era un territorio con el que ninguno estaba familiarizado. Fue la primera vez que viajaron a Singapur, Malasia, las Islas Salomón o a la remota y pequeña isla llamada de Tuvalu, en el Pacífico del Sur. Como de costumbre, sus actividades se eligieron cuidadosamente. La primera fue, el 11 de septiembre de 2012, en Singapur.

Se dirigieron a los jardines botánicos, a ver una orquídea bautizada en su honor, y otra en honor de Diana, la madre de Guillermo. Ella había fallecido antes de poderla ver. La mayoría de sus compromisos tenían que ver con lo que le parecía importante al país que visitaban, y con atender recepciones formales donde pudieran conocer a figuras de estado y empresarios locales. En Singapur visitaron un complejo revolucionario de viviendas y un cementerio de guerra; en Malasia acudieron a una comida oficial con el primer ministro y se presentaron a una elegante recepción nocturna con los líderes del país, pero entonces recibieron las noticias de casa.

Justo antes de la gira, la pareja le había pedido prestado su hogar en la zona provenzal al Vizconde Linley para tomar unas breves vacaciones y, sin que lo supieran, un paparazzi local había captado fotos de Kate tomando el sol en topless. Las fotos habían aparecido en la versión francesa de la revista *Closer*. Después de unos días, otros medios comenzaron a publicarla: en Dinamarca, Italia e Irlanda. La editora de la versión francesa de *Closer*, Laurence Pieau, defendió su decisión al declarar: "Éstas fotos no son alarmantes en lo absoluto. Muestran a una joven tomando el sol en topless, como millones de personas que pueden verse en las playas."

Una mujer que toma el sol sin la parte superior del traje de baño en una playa pública podría pensar que existe la posibilidad de que le tomen una foto, pero una mujer que representa a su país y que además es fotografiada en una propiedad privada, es algo muy distinto.

La pareja rápidamente redactó una de las cartas más agresivas que ha lanzado: "Su Alteza Real se ha sentido muy triste de saber que una publicación francesa y un fotógrafo han invadido su privacidad de una manera tan grotesca e injustificada. El incidente evoca los peores excesos de la prensa como el del paparazzi durante la vida de Diana, Princesa de Gales, y por lo mismo fue particularmente perturbador para el Duque y la Duquesa. Sus Altezas Reales tenían la plena convicción de contar con privacidad en esa casa remota. Hubiera sido impensable que alguien tomara semejantes fotografías, y encima de todo las publicara."

El editor del *Daily Star*, el irlandés Michael O'Kane, defendió su decisión de publicar las fotos: "La Duquesa no tendría por qué ser diferente que las demás celebridades que fotografiamos, por ejemplo Rihanna o Lady Gaga." Esto quizá parecía la excusa más débil, pues aunque Kate tomó la decisión de entrar en la vida pública, fue una decisión basada en el hecho de que se enamoró de alguien que estaba a la vista del público. No es que su intención haya sido ser famosa. Rihanna y Lady Gaga eligieron quitarse la ropa en el escenario y en vídeos musicales para atraer atención, y Kate no. Ella representaba a su país y a sus organizaciones de caridad, por lo que fue inapropiado que la fotografiaran de esta manera. Thomas Roussineau, quien se especializa en ley de la privacidad, explicó de esta manera la acción de tomar las fotos ante la BBC: "Está totalmente prohibido. El castillo no es la calle, está en un lugar privado y son fotos íntimas." En Kuala Lumpur, Kate sonreía ante las cámaras pero estaba furiosa por dentro y tomó acción legal.

A pesar de esto, las cosas siguieron como siempre: ella y Guillermo visitaron una mezquita en Kuala Lumpur. Kate siguió mostrando una gama de vestidos exquisitos en color acuarela, e intentó mantenerse fresca en medio del calor húmedo con abanicos, parasoles de papel y toallas húmedas. La pareja luego se encaminó a la mitad más rústica de su viaje. En el bosque de lluvias de Borneo, los ataron a un asiento para que escalaran un árbol –con pantalones color caqui y su cabello enchinado por la humedad, Kate quizá se sentía vulnerable y enojada, pero lucía relajada y como si se estuviera divirtiendo. Exploró el área con su cámara y mostró las fotos en la página oficial de internet de la pareja. En las islas del Pacífico, a donde fueron después, optó por colores tropicales brillantes, estampados florales y diseños audaces. Sin embargo, todos los combinó con sus tacones de siempre: LK Bennett en color carne. Le regalaron un collar hecho con dientes de delfín, conchas y dinero, y fue a la iglesia y bailó con una falda de pasto.

Ella y Guillermo se quedaron en una lujosa cabaña con techo de hojas y una cama techada hecha de bambú, con una regadera al aire libre y un espacio con vista al mar donde desayunaron a la mañana siguiente –huevo y tocino para Guillermo, y huevo estrellado con salmón ahumado para Kate. Tomaron piñas coladas y en su tiempo libre se fueron a bucear con esnorquel.

La gira había sido todo un éxito. Fue la cereza que coronó el pastel en este año triunfante del jubileo. Kate había guardado silencio respecto a las fotografías. Pronto la historia se olvidó. La acción legal, sin embargo, siguió su curso.

En los últimos meses del año, ella y Guillermo se dedicaron a algunos compromisos oficiales relacionados con los patrocinios –al nuevo centro nacional de fútbol de la FA en el Parque St. George de Staffordshire y a ver jugar a Gales contra Nueva Zelanda en el Estadio del Milenio en Cardiff. También celebraron los 600 años de la Universidad de St. Andrews. Kate pasó el Día de San Andrés en su antigua escuela, donde jugó hockey con tacones, participó en juegos con niños e inauguró nuevas instalaciones deportivas. Poco después, mientras se estaba quedando con sus padres en su nuevo hogar de Berkshire, se enfermó.

Todos esperaban saber las noticias… Pero no. Kate sólo tenía unas cuatro semanas de embarazo cuando la llevaron de emergencia al hospital por *hyperemesis gravidarum* –una rara y extrema variante del malestar por embarazo que le impedía comer o beber. Pasó tres noches en el Hospital King Edward VII, donde le aplicaron suero intravenoso y en donde pudo recibir las visitas de Guillermo, sus padres y Pippa.

Los embarazos en la realeza generalmente no se anuncian hasta después de los tres meses, cuando ha pasado el mayor riesgo de aborto espontáneo, pero en este caso tuvo que hacerse cuando entró al hospital. La gente del hospital necesitaba enfocarse en hacer su trabajo en vez de preocuparse por alejar a los miembros menos escrupulosos de la prensa, de modo que necesitaba ser un caso muy abierto, para prevenir especulación, fuga de información o distracción en las personas que tenían una labor importante que hacer. No era una situación ideal; la pareja apenas se estaba enfrentando a la noticia. Ni siquiera le habían dicho la feliz noticia a mucha gente allegada, incluyendo la Reina y el Príncipe Carlos. Era demasiado temprano.

El Hospital King Edward VII ha atendido a muchos miembros de la realeza, incluyendo la Reina. Todos los cuartos son iguales, de manera que cualquier noble que entre toma cualquier cuarto disponible. Todos tienen televisiones de pantalla plana y acceso a una biblioteca de DVDs. El paciente puede solicitar cualquier alimento que quiera. Así que Kate estaba mirando un techo y unas paredes similares a los que hay en los hospitales de todo el país, pero este tenía pisos en azul pálido con la cresta real de ER en ellos.

La atendió el consultor Alan Farthing, quien da servicio en varios hospitales de Londres incluyendo St. Mary's, que es donde Kate pensaba dar a luz. Era un gineco- obstetra. Se unió al equipo médico real de la Reina en 2008. A Kate también la atendió Marcus Setchell, quien pasó dos décadas como cirujano de la Reina.

Conforme Kate empezó a responder ante el medicamento, se empezó a sentir un poco mejor, y Guillermo la fue visitar cada día. Afuera, los locutores de televisión, las estaciones de radio, los periódicos y las revistas daban las noticias. Principalmente reportaban los sucesos de manera directa; ya había suficiente drama con el sorpresivo aviso de la hospitalización. Sin embargo, un pequeño elemento que tenían que definir los medios era el ángulo que le darían a la noticia, para ir más allá de los encabezados típicos.

Al otro lado del mundo, los productores de la estación de radio australiana 2DayFM decidieron llamar al hospital para ver qué tanto se podían acercar telefónicamente a Kate. Mel Greig y Michael Christian llamaron al hospital, simulando ser la Reina y el Príncipe Carlos. Ante su sorpresa, los comunicaron con una enfermera, quien los transfirió con otra. Entonces pudieron hacer algunas preguntas. Fue una sorpresiva falla de seguridad y una invasión a la privacidad, pero la pareja no le dio tanta importancia. Luego, cuando le preguntaron al verdadero Príncipe Carlos su opinión sobre el bebé real, alzó las cejas y dijo: "¿Cómo saben que no soy una estación de radio?"

Sin embargo, luego llegó la noticia realmente alarmante. Parecía ser que la primera enfermera que contestó el teléfono se había suicidado. Tenía dos hijos y se llamaba Jacintha Saldanha. La encontraron cerca del hospital. Su familia trató de hacer frente a su pérdida, mientras que sus antiguos jefes rápidamente le rindieron homenaje al decir: "Jacintha ha trabajado en el Hospital King Edward VII durante más de cuatro años. Era un excelente enfermera, muy respetada y popular entre todos sus colegas." Se pensó que el hospital no había estado tomando ninguna acción respecto a lo ocurrido. El equipo de prensa de Kate afirmó que no se había quejado por la llamada, y agregó: "Sus pensamientos y oraciones están con la familia, los amigos y colegas de Jacintha Saldanha durante este momento tan triste." Toda la gente afectada estaba incrédula.

Cuando Diana había tenido cinco meses de embarazo, asistió al funeral de su querido padrino con gran pesar y sola. Iba contra el protocolo de los integrantes de la familia real asistir a funerales si no tenían una relación directa, así que Carlos no fue. Guillermo demostró cuánto había cambiado la familia cuando le dio prioridad a su esposa y no a un compromiso militar que tenía tres días después de que Kate regresó a casa del hospital.

Otro cambio significativo se dio cuando él y Kate pasaron la Navidad de 2012 con los Middleton. Los principales miembros de la familia real nunca habían tenido permiso de estar en ningún lugar que no fuera Sandringham el día de Navidad. Definitivamente mostraba cómo habían cambiado los tiempos.

Fue la primera vez que a Guillermo vio cómo su esposa siempre había pasado Navidad, a pesar de que los Middleton apenas se estaban instalando en su nuevo hogar. Habían comprado una mansión de estilo georgiano por 5 millones de libras ese mismo año y la habían estado renovando. Era la tercera propiedad que Carole y Michael habían tenido en su vida de casados y, aunque sus hijos habían dejado el hogar, había siete recámaras para que siempre se sintieran bienvenidos. Sus 18 acres, con una alberca y una cancha de tenis, garantizaban que nunca les faltaran actividades a los visitantes. Además, había construcciones externas que se adaptaron para los oficiales de protección de Kate y Guillermo.

Kate y Guillermo siguieron el protocolo real al asistir a una misa en la Iglesia de St. Mark, ubicada cerca, en Englefield, y se unieron a la familia real para cazar faisanes en la propiedad de Sandringham el día después de Navidad, aunque Kate y la Reina (quien estaba saliendo de un catarro) se quedaron a descansar en la mañana, se reunieron con los demás en la propiedad más pequeña llamada Wood Farm para comer.

CAPÍTULO DIECISÉIS
FLORECIMIENTO

Durante los alocados años 60, la Princesa Margarita vivió en el departamento 1A del Palacio de Kensington. Estaba pintado en rosa y azul. Acostumbraba invitar a personas como los Beatles, los Rolling Stones, a Mary Quant y Vidal Sassoon, también Rudolf Nureyev, con prendas pegadas de piel o con un abrigo largo de pieles también la visitaba con frecuencia. El departamento 1A también será el hogar de Guillermo y Kate en el futuro inmediato y empezarán a crear sus propios recuerdos ahí. Tras la muerte de Margarita y antes de que Kate y Guillermo se pudieran mudar, era necesario no sólo modernizar y volver a pintar, sino cambiar la instalación eléctrica y la de plomería, además de retirar el asbesto. Gastaron alrededor de 1 millón de libras y los cambios relacionados con la mudanza tomaron casi dos años.

El departamento de cuatro pisos tiene 20 habitaciones, incluyendo un comedor, un estudio, una sala de jardín con ventanales de piso a techo y una chimenea, salas para eventos en las que caben 100 personas, cuartos para el personal y un invernadero. Afuera hay un jardín con paredes repleto de rosas. La Princesa Margarita una vez señaló: "Es difícil creer que haya uno así en medio de Londres."

Durante los primeros dos años de su matrimonio, Kate y Guillermo habían podido seguir con sus vidas de una manera similar a como acostumbraban. Vivían en Anglesey mientras que Guillermo trabajaba y Kate cuidaba el hogar e iba a juntas. Ambos disfrutaban su vida sencilla. Sin embargo, 2013 fue un tiempo de cambio. No sólo había un bebé en el camino, sino que tenían que mudarse a su nuevo hogar en el verano. Como era una propiedad más grande, y porque Guillermo iba a dejar su trabajo para convertirse en un integrante de la familia real de tiempo completo, necesitarían personal.

Sus oficinas también se iban a transferir del Palacio de St. James al Palacio de Kensington. Durante sus años de adolescencia, Guillermo y Enrique vivieron en Clarence House, con Carlos. Cuando Guillermo y Enrique cumplieron veintitantos y empezaron asumir más responsabilidades reales y a apoyar instituciones de caridad, sus oficinas quedaron en el cercano Palacio de St. James. Sin embargo, cuando Kate y Guillermo se casaron y se mudaron a la cabaña de Nottingham, en el Palacio de Kensington, Enrique se les unió y tomó otro departamento. Kate y Guillermo estaban esperando mudarse al 1A y luego Enrique podría tomar la cabaña de Nottingham. Como Guillermo, Kate y Enrique eran atendidos por el mismo personal, las oficinas también se mudarían.

La secretaria particular de Kate es Rebecca Deacon, hija de una sacerdotisa y un miembro de la Armada. Había trabajado como asistente de los productores del concierto en tributo para Diana, y también para Sentebale, la organización de caridad de Enrique. Es un año menor que Kate y sus responsabilidades incluyen ayudarla con investigaciones, organizar su agenda y ayudarle con su guardarropa. En el pasado, una integrante de la familia real hubiera tenido una secretaria particular, una vestidora y una dama de compañía, pero Rebecca cumple con muchas de esas tareas y Kate hace muchas cosas personalmente. Kate elige toda su ropa y Rebecca le ayuda a organizar su clóset. También está a la mano para brindar consejos. Acompaña a Kate a todos los compromisos públicos y es un apoyo en todo sentido.

Kate y Guillermo también tienen una secretaria privada que se dedica a asistir a la pareja en las cuestiones de día a día. Hace reservaciones de viaje, revisa la correspondencia privada, hace citas con dentistas y estilistas, y cuida su agenda personal, que incluye vacaciones y transporte. Kate y Guillermo también cuentan con tres detectives privados.

El secretario particular de Guillermo es Miguel Head –antes fue oficial de prensa de Guillermo, Kate y Enrique, y antes de eso, secretario de prensa para la Secretaría de la Defensa. Se ganó mucho respeto por su manejo del primer llamado de Enrique a Afganistán, y a raíz de eso lo contrataron de manera permanente. También les brinda asesoría Sir David Manning, quien originalmente fue seleccionado por la Reina. Es el anterior embajador británico para los Estados Unidos y ha trabajado en la oficina foránea durante 36 años. Su papel es compartir su conocimiento del gobierno y de relaciones internacionales conforme Guillermo, Kate y Enrique avanzan en el plano nacional e internacional. Su oficial de prensa es Ed Perkins, que antes estaba en el Palacio de Buckingham, y su secretario de prensa y asistente es Nick Loughran, que también fue transferido desde la Secretaría de la Defensa.

La pareja no sólo estaba contratando nuevo personal, sino que estaba diciendo adiós a un amigo y consejero invaluable que los apoyó por siete años, Jamie Lowther-Pinkerton. Había sido secretario particular de Guillermo y Enrique cuando iniciaban su vida pública y siguió hasta que se convirtieron en las cabezas de su hogar. Sin embargo, era el momento de que se marchara, aunque siguió en sus vidas de manera no oficial siempre recibiendo mucho respeto y amor.

Tras rodearse de un fuerte equipo, Kate y Guillermo buscaron personal doméstico. Querían encontrar un mayordomo, un cocinero y personas de limpieza. Como ama de casa, contrataron a Antonella Fresolone, que había cuidado la limpieza de la casa de la Reina y había estado en el Palacio de Buckingham durante 13 años. Ahora está al frente del personal doméstico de Kate y Guillermo, y se encarga de limpiar, del lavado de la ropa y del cuidado de los artículos de plata y vidrio.

También se realizaron remodelaciones a un hogar con 10 recámaras de tipo georgiano llamado Ammer Hall que se encuentra en la propiedad de Sandringham. Al igual que otros integrantes mayores de la familia, la pareja necesitaba una casa de campo además de su residencia citadina en el Palacio de Kensington, y la Reina les dio ésta. El Duque y la Duquesa de Kent antes vivían aquí, y fueron seguidos por la familia van Cutsem, así que Guillermo había visitado a sus amigos ahí muchas veces cuando era chico. Se autorizaron permisos para algunas alteraciones, y el arquitecto Charles Morris, que también había hecho ajustes en Highgrove, fue contratado para agregar un nuevo jardín techado a la cocina, y convertir un espacio de madera en recámaras para oficiales de protección. Más árboles brindarán privacidad al jardín y se le agregará una pérgola al patio.

La Reina patrocina más de 600 instituciones, Felipe a más de 700, Carlos a más de 600 y Ana a 300. En 30 años, algunos de estos nobles ya no estarán por aquí. La Reina tuvo cuatro hijos y Carlos dos, de modo que no hay forma de que el trabajo se divida entre sus dos hijos y sus dos esposas (cuando Enrique se case) así que surgió la idea de una Fundación Real.

La Fundación del Príncipe Guillermo y el Príncipe Enrique se creó en 2009. En 2012 se le cambió el nombre por la Real Fundación del Duque y la Duquesa de Cambridge y el Príncipe Enrique. Esta organización abarcadora impulsará ciertos proyectos y llamará la atención hacia otros. También significa que los tres nobles jóvenes tienen dinero para distribuir como gusten. Decidieron enfocarse en tres áreas principales: ayudar a los jóvenes dentro de la sociedad; incrementar la conciencia y el apoyo para las Fuerzas Armadas y apoyar a las comunidades a proteger y conservar sus recursos naturales para generaciones futuras. Estos objetivos pueden verse en muchos de los compromisos públicos que cumplieron a lo largo del año, y en los temas en que se enfocan cuando visitan el extranjero.

El compromiso de Kate de apoyar a los jóvenes, la llevó a acudir al lanzamiento del proyecto Coach Care, que pretende capacitar a la siguiente generación de entrenadores deportivos, así como a visitar a los niños que acampan como parte de los planes de la Fundación ARK. Para incrementar el apoyo y la conciencia respecto a las Fuerzas Armadas, asistió a los Premios Militares del *Sun*, y para fomentar la conservación se fue a Grimsby, donde aprendió acerca de la pesca sustentable, y visitó el bosque de lluvia en Borneo como parte de la gira del Jubileo de Diamante.

En 2013, a la fundación también se integró el Fondo a la Memoria de Diana, Princesa de Gales. Este fondo se cerró como organización con personal operativo el 31 de diciembre de 2012, fecha para la que había recaudado más de 105 millones de libras. La Fundación Real ahora es propietaria legal y decidirá cómo repartir el dinero que sigue siendo donado a nombre de Diana.

La Fundación Real es una organización de caridad exitosa, y recaudó 4.8 millones de libras en 2011, en comparación con sólo 629 mil en 2010, antes de que Guillermo y Kate anunciaran su compromiso. Mientras tanto, 1 millón de libras más se recaudó gracias al área estadounidense de la organización, que recibió un impulso gracias al encuentro de polo en el que participó Enrique durante su primera gira.

Dos veces al año, representantes de las organizaciones de las que Kate, Guillermo y Enrique son patrocinadores se reúnen para ver cómo pueden aprender la una de la otra y apoyarse. Se llama Foro de las Instituciones de Caridad, y es un concepto revolucionario desarrollado por Guillermo y que, hasta ahora, ha sido altamente exitoso. Kate, Guillermo y Enrique generalmente están presentes, y se realiza en una mesa redonda con aproximadamente 40 personas. Después hay una recepción informal. Gracias al foro, EACH pudo colaborar con las tarjetas navideñas de Art Room en 2012; las tarjetas las diseñaron niños que se habían beneficiado gracias al Art Room, y luego EACH las vendió para incrementar conciencia y atraer fondos hacia ambas instituciones. EACH también estuvo en contacto con Child Bereavement UK, que Guillermo patrocina, con la esperanza de que trabajen juntos en el futuro.

Para celebrar su cumpleaños número 31, en enero de 2013, Kate fue a ver el espectáculo *Kooza* del Cirque du Soleil en el Royal Albert Hall con Guillermo, con su familia y un grupo de amigos, pero su primer compromiso público tras su hospitalización y el anuncio de su embarazo fue develar su retrato oficial dos días después en la Galería Nacional del Retrato. No muchas galerías mandan a hacer nuevas piezas de arte, pero la Galería Nacional del Retrato es una de esas pocas. Cada año solicitan un nuevo retrato, y al final de 2011, un hombre afiliado a la galería desde tiempo atrás, Sir Hugh Leggatt, se acercó a ellos pues le había dejado un poco de dinero el recientemente fallecido coleccionista de arte Sir Denis Mahon. Él deseaba que se utilizara para hacer un retrato de Kate.

La galería consideró una gama de pintores y los discutió con Kate antes de decidirse por el oriundo de Glasgow Paul Emsley, que creció en Sudáfrica y ganó el primer lugar en los Premios al Retrato de BP, en 2007. También retrató a Nelson Mandela. Kate modeló para el dos veces – una en el Palacio de Kensington y la otra en sus estudios. El día de su boda quería verse natural y como ella misma. En esta ocasión le dijo algo similar al artista. Paul Emsley dice: "La Duquesa explicó que le gustaría ser retratada en forma natural –como es naturalmente– y no en su forma oficial. Me pareció una persona extremadamente abierta, generosa y muy cálida. Al inicio pensamos que iba a ser un retrato sin sonrisa, pero al final decidí mostrarla sonriente y creo que fue la decisión correcta –esa persona es quien realmente es."

El retrato dividió a los críticos. Kate lo llamó "asombroso" y "genial", mientras que el crítico del *Daily Mail* Robin Simon escribió: "Gracias a Dios que la bella Duquesa de Cambridge no luce así. Siento decir que es un terrible retrato." Sin embargo, Guillermo dijo que estaba "sencillamente hermoso" y Richard Stone, quien ha pintado a miembros de la familia real desde hace más de tres décadas pensó que tenía "un encantador aire informal" y "de calidez".

En febrero de 2013, hubo más controversia, pues Hilary Mantel, autora galardonada con el premio Booker dio una conferencia para el *London Review of Books* acerca del papel de las mujeres de la realeza y opinó: "Kate parece haber sido elegida para el papel de princesa porque es una persona a prueba de reproches, más delgada que nadie, sin excentricidades, sin nada extraño, sin el riesgo de que surja su personalidad. Parece hecha con precisión, hecha a máquina…" Aunque parte de lo que dijo Mantel en su conferencia fue sacado de contexto, ya que reflexionaba sobre la manera en que los medios pintan a Kate, hubo muchos comentarios agresivos sobre ella. Logró criticar a todos: a la familia real, al insinuar que Kate había sido elegida para el papel de esposa con base en factores fríos y calculadores; a los Middleton por producir a semejante persona, y a la propia Kate. Era el ejemplo perfecto de alguien que nunca había interactuado con Kate y que se había formado una opinión con base en muy poca evidencia…

CAPÍTULO DIECISIETE
PRINCESA REAL

Tras los comentarios de Mantel, el Primer Ministro, David Cameron, saltó para defender a Kate y la describió como "alguien brillante, cautivadora y una excelente embajadora para Gran Bretaña". Ese mismo día, Kate visitó Hope House, un hogar manejado por Action on Addiction para mujeres con problemas de adicción. En esta visita, dedicó tiempo a hablar con las residentes: "Estamos tratando con gente que tiene muy baja autoestima", explica Nick Barton, director general de Action on Addicion. "Y el hecho de que alguien de tan alto perfil esté preparada para venir y pasar tiempo con ellos, hablarles, escucharlos y oír sus experiencias les hace sentir como 'Caray, a lo mejor si soy valioso'. A todos les pareció que les daba un gran impulso. Lo mismo opinó el personal, que trabaja mucho y no siempre recibe muchos agradecimientos o reconocimiento, así que ésta es una forma de decir que también son gente valiosa, lo que es importante". Fue la primera vez que el creciente estómago con cuatro meses de embarazo de Kate se hacía evidente y, aunque apenas era febrero, decidió no taparse con un abrigo, sino realzar su estómago con un vestido envolvente.

Como ya había pasado el malestar inicial por el embarazo, Kate incrementó su carga de trabajo. Tras acudir a juntas y hacer varias visitas, anunció que iba a asumir tres patrocinios adicionales de instituciones de caridad. Una era una organización con la que ella tenía experiencia previa –Place2Be, el servicio de orientación para jóvenes que se había beneficiado con la Day-Glo Midnight Roller Disco, a la que Kate había acudido cinco años antes. La segunda era Sportsaid, que busca apoyar a atletas incipientes, y que en el pasado ha brindado fondos a muchos chicos que luego se volvieron campeones olímpicos, incluyendo a Sir Bradley Wiggins, Sir Chris Hoy y Sir Steve Redgrave. El tercero era el Museo de Historia Natural, que también era apropiado considerando el amor de Kate por el mundo de la naturaleza y la dedicación de la Fundación Real a su conservación. Ya había participado en una actividad aquí a fines del año previo, al develar su nueva galería de tesoros.

A lo largo de los siguientes cuatro meses, Kate viajó por el país para realizar actividades públicas. Visitó Grimsby, Buckinghamshire, Cumbria, Glasgow, Ayrshire, Windsor, Manchester, Hertfordshie y Winchester. En Grimsby, promovió el Fideicomiso de los Príncipes; en Londres, visitó la estación de metro de la calle Baker junto con la Reina y el Príncipe, para conmemorar el año número 150 del subterráneo londinense. En Escocia, ella y Guillermo visitaron la Arena de los Emiratos en Glasgow, en donde tendrán lugar los juegos del territorio y, en Ayrshire, acompañó al Príncipe Carlos a ayudar en uno de sus proyectos consentidos –Dumfries House, un centro al aire libre para niños.

Kate apoyó a Guillermo en eventos relacionados con dos de las empresas que él patrocina; visitó las oficinas del Reino Unido de Child Bereavement y, como él es presidente de BAFTA, realizó el recorrido de Harry Potter en los estudios de Warner Bros, de Watford.

También asistió a muchos compromisos relacionadas con sus propias instituciones de caridad. Para los Hospicios Infantiles de Anglia del Este, grabó su primer mensaje público, para incrementar la conciencia respecto a la Semana de Hospicios Infantiles, y explicó: "Los hospicios infantiles son una salvación para las familias en un momento de dolor inimaginable. El apoyo que brindan es vital para llevar a cabo esta magnífica labor. Se necesita nuestra ayuda y nuestro apoyo para que, quienes brindan cuidado paliativo a los niños, puedan seguir ofreciendo estos servicios extraordinarios. Es intolerable pensar lo que harían estas familias sin esto. Con su apoyo, podemos asegurar que estos niños y sus familias puedan aprovechar el valioso tiempo que les queda juntos". Era un mensaje conmovedor y conciso, y uno que subrayó cuando visitó Naomi House, un hospicio infantil en Winchester.

Visitó una escuela primaria en Manchester, The Willows. "Estábamos trabajando con la Fundación Real y Comic Relief para desarrollar una colaboración con Action on Addiction para brindar apoyo a los niños con familias donde hay abuso de sustancias," explica la directora general de Place2Be, Benita Refson. "La Duquesa tiene un interés auténtico en la salud mental de los niños y le interesa averiguar más acerca de intervención temprana y ver cómo prevenir repercusiones a largo plazo." Asistió a una recepción nocturna para celebrar la labor de Art Room, que se había realizado en la Galería Nacional del Retrato. También asistió a dos eventos para la Scouts; actó como panadera en Cumbria cuando visitó y preparó trenzas de masa azucarada en la fogata, y asistió al evento anual de Scouts en el Castillo de Windsor.

Comenzaba la cuenta regresiva de la fecha del nacimiento del futuro rey, pero también estaban los eventos habituales en el calendario real: una fiesta en el jardín del Palacio de Buckingham, el festejo del Día de la Jarretera y una misa en la Abadía de Wesminster, para celebrar el aniversario número 60 de la coronación de la Reina, a la que acudió con el resto de la familia real. Aunque las celebraciones del Jubileo de Diamante habían conmemorado el ascenso de la Reina al trono, la logística de planeación de la ceremonia de coronación tardó un año, de modo que 2013 es el momento de celebrar la coronación en sí.

Desde los primeros días de su relación, Kate había sido comparada con Diana, la madre de Guillermo, pero en las últimas etapas de su embarazo realmente siguió los pasos de la Princesa de Gales. Hizo algo propio de la realeza y nuevo para ella al convertirse en madrina de un barco. Diana había sido la madrina de la embarcación original Royal Princess de Cruceros Princess, cuando se lanzó en 1984. Desde entonces, ha estado en desuso. El Nuevo Royal Princess fue lanzado por Kate el 13 de junio. Era una tradición antigua, y un honor para el padrino –en la Grecia antigua, se vertía agua sobre una embarcación y se le pedía a los dioses que la cuidaran en alta mar; con la tradición cristiana se prefirió el vino; romper la botella en el barco se inició en el siglo XVII, y la champaña se empezó a usar 200 años después. Kate será madrina del barco para toda su vida.

En su tiempo libre, Kate dejó de realizar algunos de los ejercicios más extenuantes que acostumbraba y, en vez de estos, empezó a tomar clases de pilates en el Club Deportivo y Social Hurlingham. Empezó a tejer y tomó clases de cocina italiana, brindadas por su nueva ama de casa, Antonella Fresolone. Ella y Guillermo se preparaban para mudarse a dos propiedades; compró antigüedades y visitó la tienda Blue Almonds, en la calle Walton en Kensington, a la vuelta del palacio. Ella y Guillermo pasaron su segundo aniversario separados. El estaba trabajando y ella estaba visitando Naomi House, pero pasaron el fin de semana anterior juntos en Norfolk. Durante su embarazo, pasó gran parte de su tiempo en Anglesey, pues Guillermo seguía trabajando y ella también tenía su base ahí. También dividió su tiempo entre Londres, Norfolk y el hogar de sus padres, en Berkshire.

A pesar de que hubo mucho debate respecto a quién crearía los artículos para el guardarropa de maternidad de Kate, de hecho recicló varios artículos de su guardarropa previo al embarazo, incluyendo un abrigo café oscuro de Hobbs que usó en Grimsby y que antes se había puesto para visitar el hospital infantil Alder Hey, en Liverpool; un abrigo color rojo de Joseph que llevó a las carreras de Cheltenham y que había utilizado antes de casarse, un abrigo de Emilia Wickstead para la misa del Día de San Patricio usado la misma ceremonia el año previo, y un abrigo rojo de Armani que se había puesto para la ceremonia de conclusión de Guillermo en Sandhurst y que usó una vez más para su viaje a Ayrshire.

Dos de las marcas favoritas que usó durante su embarazo fueron Emilia Wickstead –usó un vestido azul para el evento de Art Room, en la Galería Nacional del Retrato, y un abrigo amarillo para la fiesta del jardín del Palacio de Buckingham– y Top Shop, que es una empresa de consumo masivo, de donde eligió un vestido negro con un cuello tipo Peter Pan para su visita a Child Bereavement UK. Una semana después, se vistió con una prenda moteada en blanco y negro para el tour de los estudios de Harry Potter. También utilizó nuevas marcas como un vestido de Great Plains, abrigos de Goat, Moloh y de Tara Jarmson. Por supuesto, no se olvidó de sus adorados *sledges* color carne de LK Bennett; los mantuvo, así como su joyería favorita.

En su edición de junio, *Vanity Fair* la nombró la "futura mamá mejor vestida" y explicó: "En cada etapa de su vida: cortejo, matrimonio y ahora embarazo –sus prendas básicas e inmediatamente icónicas han inspirado y han tenido influencia en el guardarropa de enamoradas, novias y próximas madres, respectivamente. La Duquesa oculta su estómago que ha crecido al mínimo por medio de abrigos de largo tres cuartos, que llevan la atención hacia sus todavía delgadas piernas que causan envidia."

Tras su aparición en el Palacio de Buckingham durante el evento de los regimientos armados de Gran Bretaña y sus territorios, Kate desapareció de la vida pública para el resto de su embarazo. Mientras que Gran Bretaña fue azotada por una inesperada ola de calor, pasó las últimas semanas antes del nacimiento del bebé en la casa de sus padres, en Bucklebury. Dentro de la gran propiedad con amplios terrenos, se podría relajar completamente en privado. El 1 de julio, la prensa se instaló en los lugares asignados afuera del Hospital de St. Mary, en Paddington, en donde estaba el aula Lindo donde Kate daría a luz. Así, inició lo que la prensa llamó "La gran espera de Kate". Aunque la Duquesa había revelado ese mismo año que la fecha esperada del nacimiento era a mediados de julio, y a pesar de que se especulaba que el gran día sería el 13 de julio, el hecho de que los espacios para prensa se hubieran colocado significaba que a partir de ese día fotógrafos y equipos de televisión empezarían a acumularse en la discreta calle angosta donde se encontraba el hospital.

Equipos individuales de televisión reservaron pequeñas áreas con cintas, mientras que cada fotógrafo marcó su territorio con su propia escalera de aluminio. Mientras pasaban los días, quienes esperaban trataban de entretenerse entre ellos; había letreros cómicos en las escaleras, como "Aquí estaremos toda la semana" y "Te la intercambio por un chocolate marca Mars Bar". Hubo quinielas en las que se inscribieron quienes querían adivinar la fecha de la llegada del bebé, así como su nombre y su color de cabello. Conforme pasaron los días, algunas empresas consideraron que el grupo de fotógrafos y equipos de televisión aburridos podrían considerarse como una audiencia cautiva, y enviaron personas parecidas a los nobles, globos con letreros publicitarios y hombres vestidos como bebés gigantes para promover sus negocios.

El 19 de julio, Kate y Guillermo se fueron de Bucklebury al Palacio de Kensington, lo que parecía indicar que sería el día esperado...

Finalmente, muy temprano, el lunes 22 de julio, cuando todo estaba oscuro y las calles de Londres estaban vacías, Kate empezó con las primeras etapas del parto. Alrededor de las 5 de la mañana, ella y Guillermo manejaron a St. Mary, en donde la recibieron a las 5:30 de la mañana, y pudo entrar por la puerta trasera. Los espacios para fotógrafos estaban vacíos, salvo por dos. Conforme corrió la voz, el sol salió para iluminar lo que sería el día más caliente del año. Antes de que pasara mucho tiempo, la prensa estaba atiborrando el área frente a las puertas del hospital para realizar la cuenta regresiva hasta el nacimiento.

Otros nobles importantes pasaron su día de la forma habitual; como es su costumbre, la Reina había estado el fin de semana en el Castillo de Windsor y se regresó al Palacio de Buckingham esa tarde. Entre tanto, Carlos y Camilla tenían un compromiso en York, y Carlos alegremente le preguntó a un integrante de la multitud "¿Alguna sugerencia relacionada con ser abuelo?"

Después de unas 12 horas en el hospital, y de un parto natural, Kate y Guillermo recibieron a su hijo, que llegó al mundo a las 4:24 de la tarde. Pesó ocho libras y onzas, tenía un poco de cabello café claro, pero todavía no tenía nombre. El equipo médico de Kate estuvo encabezado por el cirujano-ginecólogo de la Reina, Marcus Setchell, quien por petición de la pareja pospuso su jubilación para supervisar el nacimiento. Ha tenido ese puesto desde hace más de 20 años; ayudó a salvar las vidas de la Condesa de Wessex y su hija Lady Loise, cuando surgieron complicaciones durante el parto. Lo apoyaron el ginecólogo de la familia real Alain Farthing, el obstetra Guy Thorpe-Beeston y el consultor neonatólogo de St. Mary, el Dr. Sunit Godambe. Los nuevos padres estuvieron unas cuantas horas con su bebé. Luego, le avisaron a la Reina, a la familia de Kate, al padre de Guillermo y al Príncipe Enrique.

Los integrantes de la prensa seguían derritiéndose afuera, sin saber que el bebé había nacido, hasta que a las 8:30 de la noche, la oficina de prensa de la pareja anunció: "La Duquesa de Cambridge ha tenido un hijo."

Poco después, el secretario de prensa de la pareja, Ed Perkins, salió por las puertas frontales del hospital con un documento firmado por el equipo médico que estuvo presente durante el nacimiento, los papeles los guardaron en un protector de cuero rojo, y lo llevaron en auto a través de Londres hasta llegar al Palacio de Buckingham. Ahí, al auto le dio la bienvenida una multitud de personas que estaba instalada alrededor de las puertas y que había estado echando porras. Los taxis que pasaban también tocaban su claxon para celebrar. El documento se exhibió en un caballete junto a las puertas; ahí lo colocaron la secretaria de prensa de la Reina, Ailsa Anderson, y el lacayo de la Reina, Badar Azim. Este caballete se había usado para dar a conocer los detalles del nacimiento de Guillermo, hace 31 años.

En vez de dejar a su esposa y a su recién nacido en el hospital, Guillermo permaneció esa noche en St. Mary. La pareja disfrutó de unas pizzas que una persona de su equipo les entregó. Al día siguiente, las campanas de la Abadía de Westminster sonaron durante tres horas, mientras que dos saludos con pistola sonaron en el aire: un saludo con 41 pistolas en el parque Green y un saludo con 62 pistolas en la Torre de Londres.

La nueva familia recibió primero la visita de los padres de Kate, Michael y Carole Middleton, justo después de las tres de la tarde, y Carole después reportó: "¡Está absolutamente hermoso! Ambos realmente están bien y estamos muy emocionados!" Dos horas después, los visitaron Carlos y Camilla, de manera que habían tres futuros reyes en la misma habitación. Cuando, después, le preguntaron a Carlos cómo era su nuevo nieto, sonrió y dijo: "Maravilloso –lo verán en un minuto."

La estilista de cabello de Kate, Amanda Cook Tucker, ya había llegado con una bolsa llena de productos para el cabello y la pareja por fin apareció en los escalones a las 7:13 de la noche. Ambos traían ropa azul, para indicar que fue niño, y a algunas personas les pareció que Kate estaba rindiendo tributo a Diana, la mamá de Guillermo, pues la Princesa de Gales había salido del hospital cuando nació Guillermo con un vestido verde con puntos blancos, mientras que Kate decidió partir con un vestido azul de Jenny Packham, con puntos blancos.

Tanto Kate como Guillermo hablaron con la prensa. Guillermo les dijo: "Es un niño grande, bastante pesado… Y definitivamente tiene un buen par de pulmones." Agregó: "Afortunadamente, se parece a ella." Kate rió y dijo: "No, no, no. No estoy segura sobre eso." Reveló que Guillermo había cambiado el primer pañal del bebé y agregó: "Ha sido muy emotivo. Cualquier nuevo padre sabrá cómo es esta sensación." Guillermo también bromeó al decir que su hijo: "Tiene más cabello que yo." El bebé, todavía sin nombre, estaba envuelto en tela blanca decorada con pájaros verdes, creada por la pequeña compañía neoyorquina Aden + Anais. En cuanto se dieron a conocer los detalles de la cobija, se agotó de inmediato.

Kate se subió a la parte trasera del coche. Guillermo instaló el asiento para bebé a su lado y dramáticamente se secó la frente al tiempo de subirse al asiento del conductor. Fue una gran diferencia en comparación a cuando su madre y su padre salieron del hospital con él cuando nació. Diana había sostenido a Guillermo en sus brazos, y condujo un miembro de su personal. En esta ocasión, Guillermo manejó y sólo iban los tres en el coche. Por lo pronto, van a seguir creando su propio camino; decidieron no contratar una nana.

La familia pasó desde entonces la noche en el Palacio de Kensington, donde al día siguiente los visitó la Reina, quien describió a su nuevo bisnieto como "¡un niño enorme!" También los visitó el príncipe Enrique, quien después dijo que su nuevo sobrino estaba llorando "como todos los bebés" y dijo que su papel era "asegurarse de que tuviera una buena educación, mantenerlo a salvo y asegurarse de que se divirtiera".

El mismo día, Kate y Guillermo se fueron una vez más al hogar de los Middleton, en Bucklebury. Guillermo había tomado dos semanas de descanso por paternidad, y como su hogar de tiempo completo dentro del Palacio de Kensington todavía estaba siendo remodelado, decidieron pasar las primeras semanas de la vida del bebé con la familia de Kate. El mismo día, se anunció el nombre del bebé. A pesar de que tomó un mes para que el nombre de Carlos fuera anunciado cuando él nació, y una semana con Guillermo, esta vez sólo pasaron dos días. Se reveló que nombre del tercero en línea al trono era George Alexander Louis. En los últimos siglos, ha sido mucho más común que la realeza tenga cuatro nombres, como en el caso de los últimos dos Reyes Jorges, el Príncipe Carlos, sus hermanos, Guillermo y Enrique. Sin embargo, el Príncipe George, al igual que su bisabuela la Reina, sólo tiene tres nombres.

La elección de su nombre cristiano significa que, cuando tome el poder, será el Rey Jorge VII. El primer Rey Jorge subió al trono hace 300 años, en 1714. Carlos I fue su tío abuelo. En su mandato, Gran Bretaña tuvo su primer ministro, Robert Walpole. Su hijo fue Jorge II y su nieto fue Jorge III, quien compró el Palacio de Buckingham. Sin embargo, el nombre del príncipe bebé probablemente fue un homenaje al abuelo y al padre de la Reina. Ellos fueron Jorge V, quien estuvo en el trono durante la Primera Guerra Mundial, y Jorge VI, quien estuvo en el trono durante la Segunda Guerra Mundial. El segundo nombre del príncipe, Alexander, también es uno de los nombres del Príncipe Carlos, y de un primo de Guillermo, el Vizconde Severn (hijo del Conde y la Condesa de Wessex), mientras que Louis es uno de los nombres de Guillermo, así como el nombre cristiano del mentor de Carlos, Lord Mountbatten. El acta de nacimiento se hizo pública dos semanas después. Donde se debía escribir la ocupación de los padres, dice "Príncipe y Princesa del Reino Unido".

La Monarquía está viviendo en una era moderna, ha habido muchos cambios. Al igual que en el caso de la Reina, el papel de

Kate es un maratón largo, no una prueba de velocidad. Es posible que siga siendo un enigma durante algún tiempo. Será interesante ver qué se dice de ella dentro de 10, 20 o 50 años.

Kate también está empezando a mostrar un retrato de sí misma, no con muchas palabras, sino con sus acciones. A través de sus afiliaciones con instituciones de caridad, se ha acercado a niños vulnerables y adictos desesperados. Ha animado a las personas a buscar inspiración en el mundo natural, el deporte y las artes. Le encantan el teatro, la ópera y las bellas artes, pero también le fascinan las cintas de Harry Potter, fue a ver *Damas en Guerra* al cine y todos dicen que es un demonio en la pista de baile. Es una dama pero no le molesta ser un juguetona y atlética: siempre luce inmaculada, pinta a la acuarela y hace jalea, pero también es una chica campirana que disfruta de estar al aire libre y no le importa mojarse o ensuciarse los pies al acampar o al escalar.

Para el día de su boda quería lucir "como ella misma", y al posar para su retrato pidió verse con su "aspecto natural, no su aspecto formal". Está orgullosa de su posición como noble y está comprometida con las actividades correspondientes, pero no permite que esto la defina por completo: quiere seguir fiel a sí misma y seguir siendo una persona independiente; esto emergerá cada vez más.

CRÉDITOS DE FOTO

PLIEGO UNO

Página 1: Rex Features (arriba); Tim Graham/Getty Images (abajo); Página 2: Richard Shymansky/The News of the World/N. I. Syndication (arriba); Stewart Donald /SIPA/Rex Features (abajo); Página 3: Rex Features (arriba); © David Parker/Daily Mail/Solo Syndication (abajo); Página 4: Rex Features (ambas); Página 5: Tim Graham/Getty Images (arriba); Mark Cuthbert/UK Press a través de Getty Images (abajo); Página 6: Rex Features (ambas); Página 7: David Hartley/ Rupert Hartley/Rex Features; Página 8: Richard Young/Rex Features (arriba, izquierda); Davidson/O'Neill/Rex Features (arriba, derecha); Lee Thompson/www.thesun.co.uk/ N.I. Syndication (abajo)

PLIEGO DOS

Página 9: Rex Features (ambas); Página 10: John Stillwell/PA Archive/Press Association Images (arriba); Rex Features (abajo); Página 11: Chris Jackson/Getty Images (arriba); Tim Rooke/Rex Features (abajo); Página 12: Glyn Kirk/AFP/Getty Images (arriba); Mark Cuthbert/UK Press a través de Getty Images (abajo); Página 13: Phil Noble/WPA Pool/Getty Images (arriba); Pascal Le Segretain Getty Images (abajo); Página 14: Danny Lawson/Pool/Getty Images (arriba); Rex Features (abajo); Página 15: Chris Jackson/ Getty Images (arriba); Ben Cawthra/Rex Features (abajo); Página 16: John Stillwell/PA Wire/Press Association Images

SP
B C363M

Moody, Marcia.
Kate :la biografía : la
Floating Collection WLNF
12/14

BIBLIOGRAFÍA

Gyles Brandreth, *Carlos y Camilla*, Century, 2005

Phil Dampier y Ashley Walton, *Qué hay en el bolso de la Reina*, Book Guild, 2007

Sarah, Duquesa de York, *Mi Historia*, Simon & Schuster, 1996

Robert Jobson, *Guillermo y Kate*, John Blake, 2010

Claudia Joseph, *Kate: Kate Middleton: Princesa en espera*, Mainstream, 2009

Penny Junor, *Príncipe Guillermo: Nacido para ser rey*, Hodder and Stoughton, 2012

Pippa Middleton, *A celebrar*, Michael Joseph, 2012

Andrew Morton, Diana: Su verdadera historia, Michael O'Mara, 1998

Katie Nicholl, *Guillermo y Enrique*, Prefacio, 2010 Sean Smith, Kate, Simon & Schuster, 2012

Este libro se terminó de imprimir en el mes de
Enero del 2014, en Impresos Vacha, S.A. de C.V.
Juan Hernández y Dávalos Núm. 47, Col. Algarín,
México, D.F., CP 06880, Del. Cuauhtémoc.